天皇と日本の起源

「飛鳥の大王」の謎を解く

遠山美都男

目次

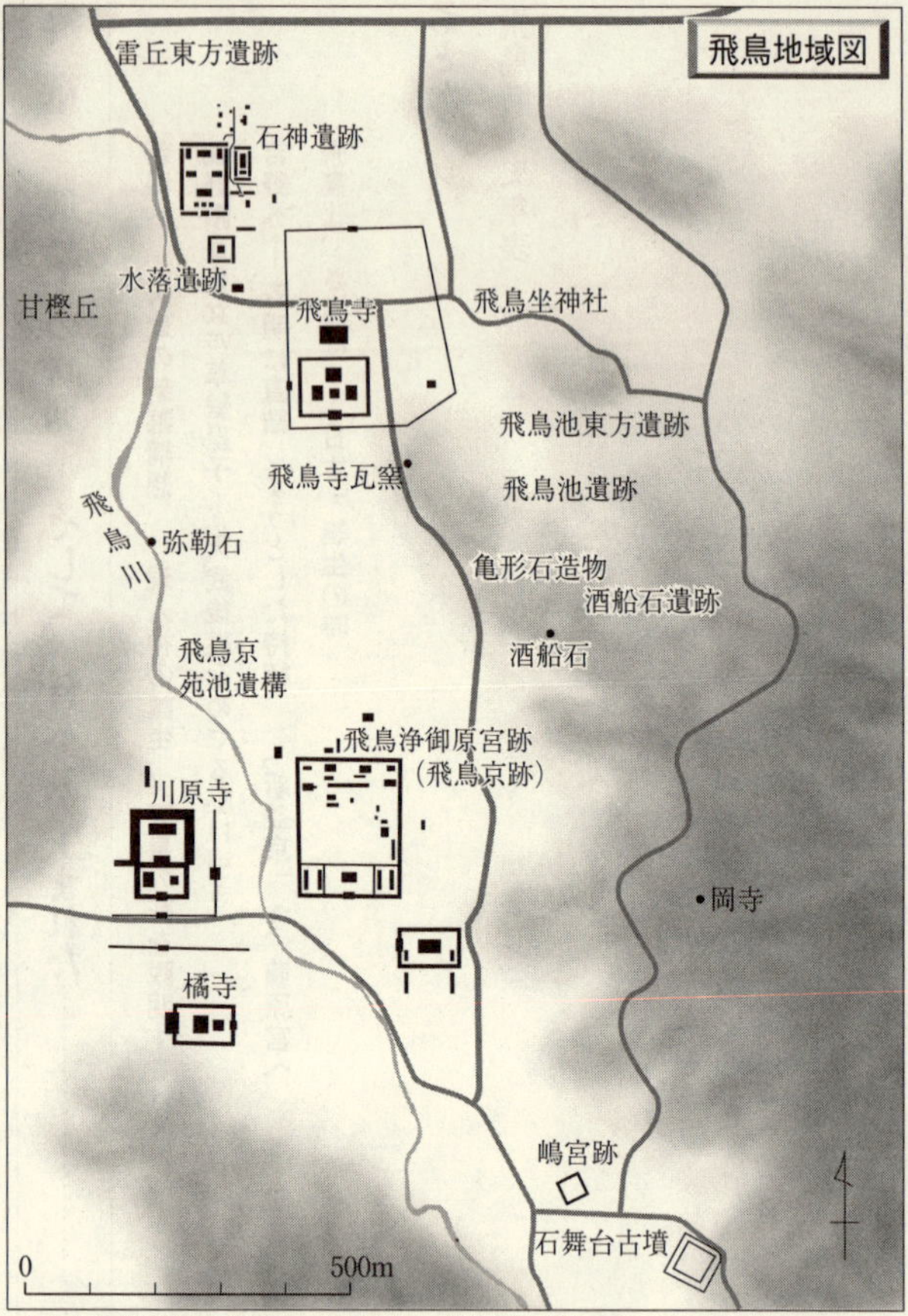

奈良文化財研究所『飛鳥・藤原京展』（朝日新聞社、2002）より作成

金剛山より桜井市、明日香村を望む。左手前から畝傍山、耳成山、その右方に天香久山が見える。その向こう、笠置山地の手前が磐余。　撮影・桑原英文

飛鳥とは何か

古代国家の形成期といわれる七世紀の歴史の主たる舞台になったのが飛鳥であった。

飛鳥というと、多くの人は奈良県高市《たかいち》郡明日香村ののどかな田園風景を思いうかべるであろう。しかし、京《みやこ》とよばれるような、七世紀の政治・文化の中心があった飛鳥とは、現在の明日香村よりもはるかに狭い、限定された地域を指していたのである。

飛鳥とはあくまでも当て字であって、飛鳥は「あ（接頭語）＋すか（洲処）」が本義である。川などによって運ばれた土砂が堆積して形成された場所が「あすか」なのであって、その意味で日本列島の各地に「あすか」は存在した。七世紀史の舞台となった「あすか」とは、いわゆる飛鳥川の流れが運んだ土砂が堆積して形成された一帯を指すのであって、飛鳥川の東岸一帯がそれに相当する。

この「あすか」に飛鳥の漢字が当てられるようになったのは、一般に、飛鳥川の東岸一帯に飛来する水鳥が、この地の枕詞になったためといわれている。「飛ぶ鳥のあすか」といわれていたのが、いつしか、「あすか」そのものを飛鳥の二字であらわすようになったというわけである。

それでは、飛鳥の北限と南限はどこであろうか。史上最初の女帝、推古《すいこ》天皇の宮殿があった小墾田《おはりだ》（雷丘《いかずちのおか》東方遺跡）は、狭義の飛鳥にはふくまれない。小墾田よりも南が飛鳥ということになる。他方、飛鳥の南限は、「聖徳太子生誕の地」といわれる橘寺《たちばなでら》がある橘の地の手前あたりとされている。

要するに飛鳥とは、南北一・六キロ、東西は〇・八キロほどの極めて狭小な空間にすぎない。ちなみに、推古女帝の最初の宮殿がおかれた豊浦《とゆら》は、飛鳥川西岸を指す地名であり、やはり飛鳥にはふくまれなかった。

「天皇」と「日本」を生み出した地

飛鳥時代といえば、明日香村とその周辺に政治・文化の中心があった時代ということで、推古女帝が豊浦宮《とゆらのみや》で即位した五九二年から、明日香村の北方に拡がる藤原京（正確には新城《にいき》、あるいは新益京《あらましのみやこ》という）の中心に位置する藤原宮に持統《じとう》天皇（女帝）が遷《うつ》った六九四年までのおよそ百年間を指す、と一般的には考えられている。

しかし、飛鳥というこの限られた空間に大王《おおきみ》（正確には治天下大王《あめのしたをしろしめすおおきみ》）の政治的な拠点が置かれたのは、厳密にいうならば推古のつぎの舒明《じょめい》天皇の時代であって、六三〇年、舒明が飛鳥岡本宮《おかもとのみや》を営んだのが最初であった。この時、岡本宮の北にはすでに推古の時代に飛鳥寺が造られており、北に飛鳥寺、その南に飛鳥岡本宮という都市空間がここに成立を

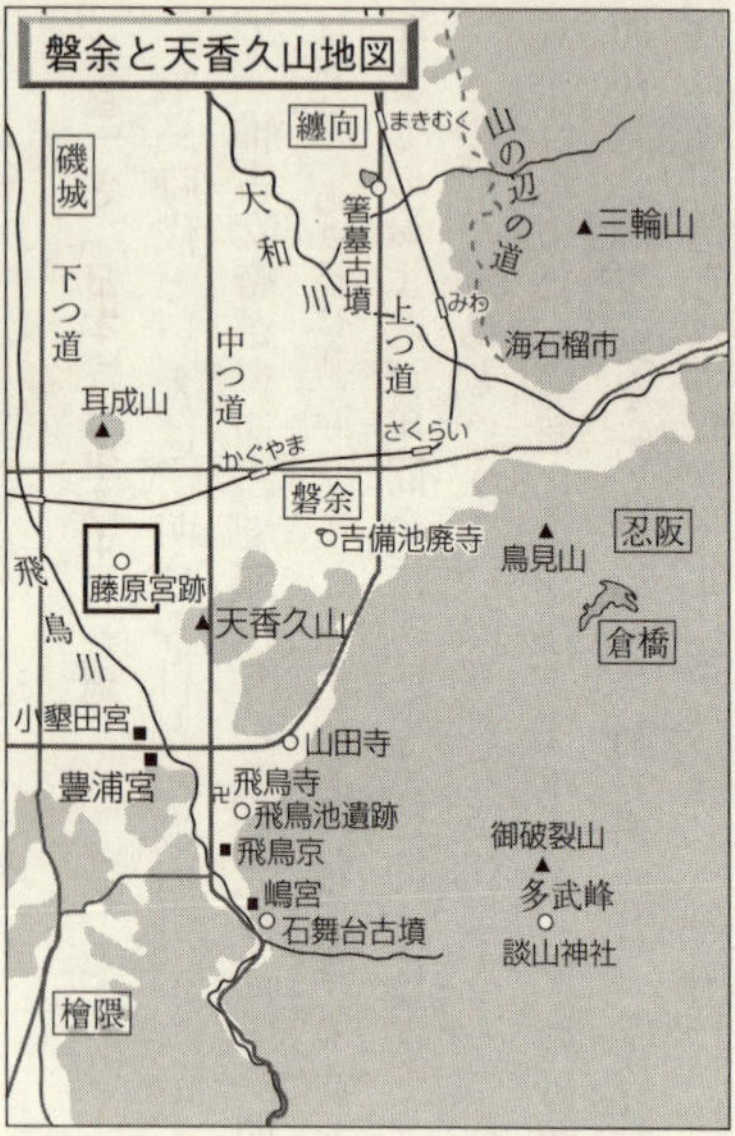

磐余と天香久山地図

見たわけである。

推古の豊浦宮や小墾田宮を飛鳥の範囲にふくめれば、彼女がこれら宮殿に君臨した時代を飛鳥時代とよんで何ら差し支えないであろう。だが、すでに述べたように、豊浦や小墾田は飛鳥には入らない。したがって、厳密な意味で飛鳥時代といえば、それは舒明天皇が飛鳥岡本宮を造営し、そこに遷り住んだ六三〇年以降ということになる。

そして、通説のいうように、飛鳥時代の終わりを藤原へ遷都した六九四年と見なすならば、六三〇年から六九四年までのおよそ六十年間が飛鳥時代ということになるのである。このわずか六十年ほどの間に、「天皇」という君主号と「日本」の国号が生み出されたわけで、飛鳥という土地が、さらにそこで展開した歴史が、「天皇」や「日本」を生み出したといっても決していいすぎではない。飛鳥に「天皇」と「日本」の起源があるといえよう。飛鳥という土地のどのような要素が、また飛鳥時代のどのような出来事がそれを可能にしたのか、それを追究し、解明していくことが本書の課題なのである。

なお、後述するように、君主号が大王から天皇に変わったのは七世紀の後半、天武天皇の時代であり、推古や舒明などの漢風諡号《かんぷうしごう》の成立は八世紀後半のことと考えられるが、本書の叙述では便宜上、一般によく知られている推古天皇・舒明天皇、または額田部皇女《ぬかたべのひめみこ》や田村皇子《たむらのみこ》のように表記することにした。

磐余と天香久山

飛鳥がこのような政治的な拠点になる以前、六世紀代は磐余《いわれ》や磯城《しき》とよばれる地域に大王の政治的拠点がもとめられていた。六世紀以前にも神功皇后《じんぐうこうごう》の磐余若桜宮《わかざくらのみや》、履中《りちゅう》天皇の同じく磐余稚桜宮《わかざくらのみや》、清寧《せいねい》天皇の磐余甕栗宮《みかぐりのみや》など、磐余の王宮の存在が伝えられているが、残念ながら、これらは歴史的事実を議論する対象にはできないと思われる。

六世紀段階の大王の宮殿名をあげると、つぎのとおりである。

継体《けいたい》天皇　磐余玉穂宮《たまほのみや》（桜井市池之内）
安閑《あんかん》天皇　勾金橋宮《まがりのかなはし》（橿原市曲川町）

宣化《せんか》天皇　檜隈廬入野《ひのくまのいおりの》宮（高市郡明日香村檜隈）
欽明《きんめい》天皇　磯城《しき》嶋金刺《しまのかなさし》宮（桜井市金屋）
敏達《びだつ》天皇　訳語田幸玉《おさだのさきたま》宮（桜井市戒重）
用明《ようめい》天皇　磐余池辺双槻《いけのへのなみつき》宮（桜井市阿倍または池之内）
崇峻《すしゅん》天皇　倉梯《くらはし》宮（桜井市倉橋）

継体は「応神天皇の五世孫」とされるが、前大王武烈《ぶれつ》と直接の血縁関係がないナゾの大王である。彼は五〇七年に河内《かわち》国の樟葉《くすは》宮（大阪府枚方市楠葉）で即位した後、五一一年に山背《やましろ》国の筒城《つづき》宮（京都府綴喜郡）に遷り、さらに五一八年、同国の弟国《おとくに》宮（京都府乙訓郡）に遷り、磐余の玉穂宮に本居を定めたのは五二六年のことであった。

実際に即位したのかどうかに関して疑問がある安閑と宣化を例外とすれば、いずれの大王も磐余あるいはその周辺の磯城に宮殿を営んでいる。これら王宮の所在地は現在の奈良県桜井市の範囲内にほぼおさまる。

この地域は、天香久山《あまのかぐやま》の東方一帯であり、他方で三輪山《みわやま》の西南麓一帯ということができる。ここに大王宮が集中して営まれることになったのは、この二つの山の存在をぬきにしては考えられないであろう。

天香久山は「倭《やまと》国の物実《ものざね》」、すなわち大和国を代表（象徴）する山とされていた。たとえば、これはあくまでも伝承上の話であるが、初代天皇神武《じんむ》が大和に入るにさいして天神《あまつかみ》の夢告があって、それによれば、天香久山の土を取って来て、それで土器を造り天神を祭るならば、刃《やいば》に血を塗ることなく大和平定を果たすことができるというので、神武がそのようにすると、たしかに天神のお告げのとおりになったという。

崇神《すじん》天皇の時代に反乱を企んだ武埴安彦《たけはにやすひこ》の妻吾田媛《あたひめ》は、決起を前に、やはり天香久山の土を取ろうとしたというのである。これらの伝承によれば、天香久山を押さえることが大和国を支配することにつながる、と考えられていたことが分かる。

また天香久山は、後に天皇家の祖先神とされた天照大神《あまてらすおおみかみ》の祭祀と大変関わりの深い山としても知られている。これまた伝承上のことではあるが、天岩窟《あまのいわや》にこもってしまった天照大神をそこから引き出すために天香久山の真坂樹《まさかき》などが必要とされ、別伝によれば、天照大神を招来するために天香久山の金を用いて日矛《ひぼこ》が造られたという。天香久山は天照大神を祭るさいの物資を調達する山ということで、特別な山、神聖な山と見なされていたのである。

だが、天照大神という神格が生み出されるのは七世紀後半のことであり、それは天皇号の創出と関係する（後述）。それでも、皇祖神としての天照大神の誕生以前に、大王が天上の世界（いわゆる高天原《たかまがはら》）を支配する神（天神）の子孫（アメタラシヒコ）であるという神話はすでに成立していたと考えられる。したがって六世紀の段階で、この天神の祭祀に必要不可欠な物資を採取する山ということで、天香久山が一定の尊崇の対象となっていた可能性は大いにありうると思われる。

磐余と三輪山

他方、三輪山は、天香久山とは違った意味で大王家にとって特別な山、神聖な山と見なされていたようである。たとえば、『日本書紀』の敏達十年（五八一）閏《うるう》二月条につぎの記事がある（現代語訳。断らない限りは以下も同じ）。

数千の蝦夷《えみし》が辺境で騒乱を起こした。そこで、天皇は蝦夷の首領である綾糟《あやかす》らを召して、

「思えば、汝《なんじ》ら蝦夷については、大足彦《おおたらしひこ》天皇（景行《けいこう》天皇）の時代に殺すべき者は殺し、許すべき者は許した。今、朕《われ》はこの前例にならって元兇を誅殺《ちゅうさつ》するであろう」

といった。すると、綾糟らは恐れ畏まり、泊瀬《はつせ》（初瀬川）の中流に足をふみ入れると三諸岳《みもろのおか》（三輪山）に向かい、川の水を啜《すす》り、つぎのように誓いを立てた。

「それがしども蝦夷は、今より後、子々孫々まで一点の穢《けが》れもない清らかな心をもって天皇陛下の朝廷にお仕え申し上げまする。それがしどもが万が一、この誓いを破った時には、天地の神それに天皇の霊《みたま》がそれがしどもの子孫を根絶やしにするでありましょう」

敏達天皇の時代、大王家に服属した蝦夷が、大王に対する忠誠を初瀬川から三輪山に向かって誓ったというのである。蝦夷の首魁、綾糟らの誓いのことばのなかに「天皇の霊」が見えることが注目される。

「天皇の霊」が具体的に何を指すのか不明といわざるをえない。だが、それは、大王への服属を誓った綾糟らが三輪山に向かって述べ上げたことばのなかにあらわれるのであるから、「天皇の霊」とは三輪山に宿っていると当時信じられていた神霊であり、大王家の祖先神、あるいは大王家にとって守護神のような存在だったのであろう。

敏達は在位中、三輪君逆《みわのきみさかう》という人物を大変重用し、自身の死後の宰領まで彼に一任したという。いうまでもなく逆を出した三輪氏は、三輪山とその神を祭ることを世襲した氏族であったが、逆が敏達からこれほどの寵愛をうけたのも、当時の大王家にとって三輪山が特別な存在だったからこそであろう。

ところで、後に三輪山は、崇神天皇の時代に祟《たた》りをなした神として知られる大物主神《おおものぬしのかみ》、または出雲《いずも》系の神話の主人公である大国主神《おおくにぬしのかみ》（大己貴神《おおなむちのかみ》）のまします山として信仰を集めていくことになる。神話のなかの出雲は、天神が住まう天上世界に対する地上世界（葦原《あしはらの》中国《なかつくに》）を代表する世界として描かれている。神話のなかの出雲は実際の出雲国（現在の島根県）とは違うのである。

三輪山にこのような神々が祭られるようになったのは、もともと三輪山に祭られていた大王家の祖先神・守護神が、七世紀の後半になって一つの神格にまとめられ、新たに天照大神という名前をあたえられて、伊勢《いせ》の地で祭られるようになった後のことと考えられる。三輪山が大物主神や大国主神を迎え入れることになったのは、この山が天香久山とは違って、もともと天上世界に対する地上世界に属する神霊を祭る霊山と見なされていたからではないだろうか。つまり、地上世界を代表する神格である大物主神や大国主神が三輪山に住み着くようになったのは、先住者も同じように地上世界に関わる神霊だったからであろう。

以上見てきたように、六世紀段階の大王家にとって特別かつ神聖な存在とされた天香久山と三輪山、この二つの山に挟まれた地域であったことから、磐余やその周辺の磯城は大王家にとって特別かつ神聖な空間（聖域）と見なされたのであり、だからこそ、そこに大王宮が集中して営まれることになったと考えることができる。

磐余が大王家の本居地、王権の聖地と見なされるようになったのは、欽明天皇の時代だったのではないかと思われる。それは、欽明が「天国排開広庭《あめくにおしはらきひろにわ》」という諡号《しごう》をもっているからである。これは、「天と国を押し開いて広庭を創られた御方」といった意味になる。諡号はその人物の生前の偉業を集約してあらわしたものである。欽明の生涯にそのような事績があったのであろうか。

「天国」の「天」とは、大王家の祖先神である天神、または天神が住む天上の世界（高天原）のことであり、他方「国」とは天神の子孫である大王によって支配される地上世界のことであろう。前者の祭祀に関わる山が天香久山であり、後者に関わるのが三輪山ということになる。「広庭」とは祭祀を行なう神聖な空間という意味であるから、これは天香久山と三輪山に囲まれた磐余そのものを指しているといえよう。

欽明の諡号をこのように解釈するならば、ほかならぬ欽明自身が、天香久山と三輪山とに特別な意味を新たに注入したのであり、その結果、二つの山に挟まれた空間が大王家にとっての「聖域」に変貌したということになろう。欽明の諡号から明らかなのは、すでにこの時代に、天上世界とその支配をうける地上世界を一対の、しかも両極の関係でとらえる考えかたが成立していたということである。

それでは、欽明の時代になって大王家の本居地、王権の聖地が磐余にもとめられたのは一体どうしてであろうか。それは、王位継承の歴史に関わりがある。

五世紀の末葉までは、列島を代表する君主である大王の地位は、まだ特定の血縁集団に固定してはおらず、大王を出すことができる血縁集団はなお複数存在したと考えられる。五世紀の日本列島の政治情況を記した中国の『宋書《そうじょ》』倭国伝によれば、倭王の讃《さん》と珍《ちん》は兄弟関係があったが、倭王の興《こう》・武《ぶ》の父であった済《せい》は珍との続柄が分からないことから、それは明らかであろう。讃・珍兄弟と済・興・武父子のあいだには血縁関係がなかった可能性がみとめられるのである。

六世紀初頭、前大王と直接の血縁関係のない継体天皇が即位することができたのも、王位がなお特定の血縁集団に固定してはいなかったからであろう。大王の地位が特定の血縁集団に固定し、その意味で大王一族・大王家とよぶに相応《ふさわ》しい実質が成立したのは六世紀に入ってからであって、それが欽明の時代だったのである。

欽明の一族や子孫によって王位が独占されるようになったのに伴なって、この一族が王を出すことができる権威の由来説明として、この一族が天上の神々の血を引く尊い存在であるという神話が創り出されたのであろう。そして、天神の子孫である大王が政治的拠点をおくのに相応しい場所ということで、天香久山と三輪山のあいだ、磐余の地がえらばれたのではあるまいか。磐余が大王家の本居地、王権の聖地とされたのは、王位がようやく特定の一族に固定したことに対応するものであったと見なすことができよう。

磐余に王宮を営んだ最初の大王はあくまでも継体天皇なのであるが、天香久山と三輪山とにそれぞれ特別な意味をあたえ、両者の中間地帯を特別かつ神聖な空間に仕立て上げたのは、継体ではなく欽明であったと思われる。欽明以後の大王たちは、欽明によって画定された「聖域」のなかに、次々と大王宮を造営していくことになったのである。

真神原――開発以前の飛鳥

他方、磐余に王宮があった当時の飛鳥は、大和の「物実《ものざね》」が宿るとされた天香久山のやや南に位置するものの、飛鳥川の東の河畔に形成された辺鄙《へんぴ》な土地にすぎなかった。少なくとも、大王家との接点や関わりは極めて乏しかったといわねばならない。

飛鳥の地が史料の上に初めてあらわれるのは、つぎの『日本書紀』雄略《ゆうりやく》七年の是歳《ことし》条であろう。『日本書紀』の編年によれば、西暦四六三年のこととなる。

（雄略天皇は百済《くだら》が献上した手末《たなすえ》の才伎《てひと》たちを）倭国の吾礪《あと》の広津邑《ひろきつのむら》に住まわせた。病死する者が多く出たので、天皇は大伴《おおともの》大連《おおむらじ》室屋《むろや》に詔《みことのり》し、東漢《やまとのあやの》直《あたい》掬《つか》に命じて、新漢《いまきのあやの》陶部高貴《すえつくりのこうき》・鞍部堅貴《くらつくりのけんき》・画部因斯羅我《えかきいんしらが》・錦部定安那錦《にしごりじようあんなこん》・訳語卯安那《おさみようあんな》らを上桃原《かみつももはら》・下桃原《しもつももはら》・真神原《まかみのはら》の三箇所に移り住まわせることにした。

他方、『日本書紀』の崇峻元年（五八八）是歳条にはつぎのように見える。

（蘇我馬子《そがのうまこ》が）飛鳥衣縫造《あすかのきぬぬいのみやつこ》の祖《おや》である樹葉《このは》の家を解体して、そこに初めて法興寺《ほうこうじ》を造ることになった。その場所を飛鳥の真神原といった。または飛鳥の苫田《とまた》とよんだ。

「法興寺」すなわち飛鳥寺の創建を述べた記事である。「真神原」とは現在の飛鳥寺跡（安居院《あんごいん》）の所在地とその一帯ということになるだろう。雄略天皇の時代に百済から渡来した集団がこの地に居住地を賜わったわけである。他方、「真神原」と並んで見える「上桃原」「下桃原」は「真神原」の近傍の地と思われるが、現在のどのあたりを指すのか、今ひとつ明確にしがたい。

六二六年に亡くなった蘇我馬子の墓は、『日本書紀』によれば「桃原《ももはら》の墓」とよばれている。明日香村の島庄《しまのしょう》にある有名な石舞台古墳は馬子の墓と見なされているので、石舞台の周辺が「桃原」ではないかともいわれているが、実のところ確証はない。

馬子の通称は「嶋大臣《しまのおおまえつきみ》」であって、彼の邸宅が後に大王家の嶋宮が営まれた現在の島庄にあったことは間違いないとしても、同じく島庄に現存する石舞台古墳が馬子の墓であるという保証はない。結局のところ、「桃原」が明日香村とその周辺の一体どのあたりを指すかは不明なのである。

「真神原」の「真神」とは狼のことを指している。飛鳥寺があった周辺は、かつて狼が群棲した土地だったのであろう。狼が「真神」、本当の神と崇《あが》められたのは、狼が農業の妨げとなる獣の天敵だったからであるが、神あるいは神の使者ともいうべき狼が群れ住むかつての飛鳥の地が、一面において神聖な場所と見なされていたことはたしかである。しかし、その神聖性には大王家や王権との関わりや接点はまったくといってよいほどなかった。何よりも、飛鳥は一部の渡来系の集団が住み着いている程度の、磐余に較べればまだまだ寂れた場所にすぎなかったのである。だから、磐余を離れて、ここに大王家の本居地、王権の聖地を創るためには、大王家の手でこの地に神聖性が注入される必要があったといえよう。

磐余から飛鳥へ——東アジア世界の変動期

磐余とその周辺に大王宮を営んだのは、六世紀末、五八八年に即位した崇峻天皇が最後である。その崇峻といえども、倉梯宮は磐余の中心地帯からは外れているので、崇峻の段階ですでに磐余に王宮がおかれる時代は終わりに近づいていたのかも知れない。

詳しくは後述するように、崇峻のつぎの推古女帝は、大王宮を磐余から離れた豊浦《とゆら》、ついで小墾田《おはりだ》の地にもとめることになる。すでに見たように、豊浦や小墾田は狭義の飛鳥にはふくまれないが、推古がそれまでの磐余の地から別の場所に王宮を移動しようと企てていたことは明らかであろう。

推古女帝はなぜ、大王家の本居地、王権の聖地を磐余から結果として飛鳥に移すことになったのであろうか。それは、六世紀の東アジア情勢と無関係ではなかった。

中国は三世紀の三国（魏《ぎ》・呉《ご》・蜀《しょく》）時代の覇者となった魏を乗っ取った晋《しん》（西晋）の凋落以降、分裂と混迷の時代に突入し、以来約三百年を数えていた。その中国にようやく統一の機運があらわれたのである。

五八一年、北周の功臣であった楊堅《ようけん》（隋《ずい》の文帝《ぶんてい》）は主家を乗っ取って隋王朝を興した。さらに五八九年、隋は南朝の陳をも滅ぼして、ここに隋のもとに天下一統は成ったのである。およそ三百年ぶりに中国の政治的分裂に終止符が打たれ、強大な統一王朝が誕生したことが、周辺の民族や国家に何の影響もおよぼさないはずはなかろう。

「磐余から飛鳥へ」という変化が、ちょうど、このような東アジア情勢の変動期に起きていることは無視できない。中国の統一新政権に対応（対抗）するために、日本列島の支配者であった治天下大王の地位と権力を強化しようという動きが生じたとしても何ら不思議ではあるまい。この新しい大王に相応しい荘厳な居所とそれを取り巻く都市空間の創造が、新たな課題として浮上することになったはずである。

第一章　飛鳥寺創建——推古女帝の設計

飛鳥開発の第一歩が飛鳥寺の造営であった。写真は飛鳥大仏。　法興寺安居院蔵

蘇我氏の登場

今日、明日香村を訪ねる多くの人がかならず立ち寄る飛鳥寺は、正確には飛鳥寺跡であって、かつて同寺の中金堂があった位置に飛鳥大仏（丈六釈迦如来坐像《じょうろくしゃかにょらいざぞう》）を安置した安居院《あんごいん》が建っている。後述するように、飛鳥を飛鳥たらしめた宗教的施設が飛鳥寺と考えられるので、たしかに明日香村探訪のさいにここを外すわけにはいかないだろう。

磐余以外の場所、この場合飛鳥の地に、大王家の新たな本居地、新しい王権の聖地を築き上げていくうえで、飛鳥寺建立の意義は大きい。飛鳥寺の造営こそは、飛鳥開発の第一歩となったのである。その開発を思いつき、そして実施に移したのは、欽明《きんめい》天皇のむすめの額田部皇女《ぬかたべのひめみこ》（後の推古天皇）と、その叔父にあたる蘇我馬子《そがのうまこ》であった。まずは、この二人のプロフィールについて見ておくことにしたい。

最初に、蘇我馬子と蘇我氏について述べることにする。

蘇我氏は、馬子の父である稲目《いなめ》の時、歴史上に姿をあらわした。稲目は堅塩媛《きたしひめ》と小姉《おあねの》君《きみ》という二人のむすめを欽明天皇に嫁がせ、彼女たちは欽明の大勢の皇子・皇女を生んだ。

稲目は欽明との姻戚関係をバックにして、大臣（オオマエツキミ）の地位に就任した。大臣というのは、有力な豪族からえらばれて国政に関与するマエツキミ（大夫・群臣・群卿などと書く）を統括する立場であった。大臣の地位自体、欽明の時に創出され、その初代に就任したのが稲目だったということになる。

ところで、稲目はどうして欽明にむすめを二人も嫁がせることができたのだろうか。換言すれば、欽明はなぜ稲目という男のむすめを二人も娶《めと》ったのであろうか。この問いには、稲目とは何者か、蘇我氏とは何かというナゾを解く鍵が隠されている。

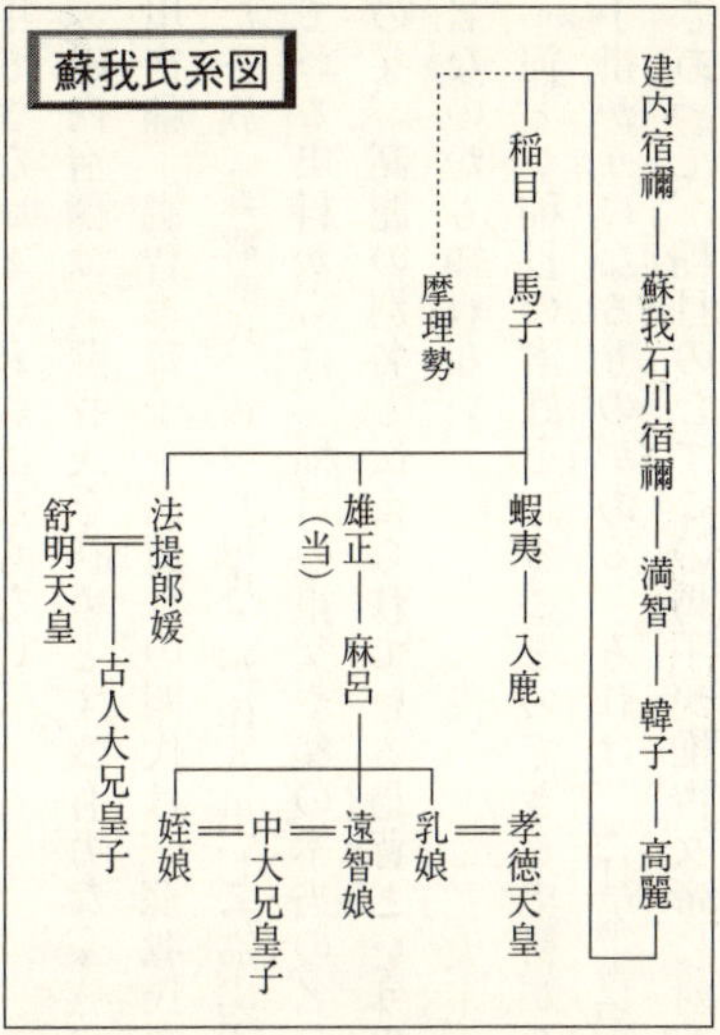

稲目は高麗《こま》という人物のむすことされている。高麗の父を韓子《からこ》といい、韓子の父が満智《まち》であった。満智は蘇我石川宿《そがのいしかわのすく》禰《ね》の子であり、蘇我石川宿禰の父が建《たけし》内宿禰《うちのすくね》ということになっている。

この蘇我氏系譜を信用するならば、稲目の父の名は高麗、祖父の名は韓子であって、稲目は蘇我石川宿禰という人物の玄孫ということになる。しかし、この蘇我氏の祖先系譜は歴史的にはまったく信用できないといわねばならない。

建内宿禰は、蘇我氏を初めとする有力な豪族の共通の祖先であり、それに続く「蘇我石川宿禰─満智─韓子─高麗」の四代は、蘇我氏のなかでも河内国の石川地方を本居地とした一族（蘇我倉《そがのくら》氏。後の石川氏）が作り出した架空の人物たちである。結局、今日のこされている史料からは、稲目の祖父や父の本当の名前すら分からないことになる。ただ、稲目の父、高麗の別名と伝えられている馬背《うませ》というのが、もしかしたら稲目の実在の父親の本名なのかも知れない。

何とか稲目の素姓を知ることのできる史料がないものかと探してみると、わずかながら手掛かりになるものがある。それは、『日本書紀』の推古三十二年（六二四）十月癸卯朔《きぼうさく》条であって、稲目のむすこの馬子が推古女帝に対して大王家の直轄領の一つである葛城県《かずらきのあがた》の割譲を要求したことが記されている。そのなかで、馬子はつぎのように述べている。

> 葛城県は、それがしの生まれ故郷でございます。それゆえに、その県の名を姓名に名乗ってもおりました。

これによれば、馬子は蘇我馬子の名でよく知られているが、時と場合によっては葛城馬子とも名乗っていたというのだ。これはどういうことかといえば、蘇我は馬子の父方の氏名であり、葛城とは彼の母方の氏名だったということである。馬子の母、すなわち稲目の妻は葛城氏の出身だったのである。稲目が今となっては祖父や父の名前すら分からない、素姓の明らかでない人物であったのに対して、彼の妻は葛城氏という名門の出だったことになる。

葛城氏はかつて五世紀段階に、大王家に固定的にむすめを嫁がせていた。当時の大王家は葛城氏を特別視して、この一族とのみ姻戚関係を結んだのであった。稲目という素姓の知れない男は、一体どういうつてを使ったのか不明だが、葛城氏の尊貴な血脈に連なる女性を娶ることができたのである。

稲目はこの結婚によって、彼自身が葛城氏の貴い血脈に連なることになり、彼を中心とした一族の内部に葛城の血の尊貴性を取り込むことに成功した。かつて大王家との姻戚関係を独占した葛城氏の血脈を相承した彼は、これによって大王家と姻戚関係を結ぶ資格を手に入れたといってよい。かつての葛城氏同様、大王家から特別扱いをされる蘇我という名の氏族が誕生したのは、実にこの瞬間であった。

堅塩媛・小姉君は同母の姉妹であったといい、彼女らが馬子と同腹であったとするならば、彼女らは葛城の尊貴な血を受け継ぐ女性ということになる。欽明が稲目のむすめを二人までも娶ったのは、実にこの血の尊貴性によるのではあるまいか。欽明は二人の異母兄(安閑《あんかん》天皇・宣化《せんか》天皇)に対抗して、父継体《けいたい》天皇の後継者の座をたしかなものにしなければならなかったから、彼が葛城の血を引くむすめを二人も妻に迎えることは大きなメリットになったに違いない。

稲目は五六九年に没し、五条野《ごじょうの》(見瀬《みせ》)丸山古墳(橿原市の五条野町・大軽町・見瀬町にまたがって存在)に葬られたと見られる。全長三一〇メートルを測るこの古墳は、奈良県では最大規模の前方後円墳であり、稲目の権勢というものがわれわれの想像をはるかに越えるものであったことを教えてくれる。五条野丸山古墳は、かつて欽明天皇陵とする説が有力であったが、近年では、欽明陵は梅山古墳(宮内庁が指定する欽明陵)とするのが妥当ではないかといわれている。

馬子は六二六年に七十六歳で亡くなっているから、五五一年生まれだったことになる。彼は十九歳の若さで父の死に遇い、この偉大な父親の政治的遺産を引き継ぐことになったのである。

額田部皇女、その前半生

つぎに後の推古女帝、額田部皇女《ぬかたべのひめみこ》について見ておきたい。『日本書紀』推古天皇即位前紀につぎのように見える。

豊御食炊屋姫《とよみけかしきやひめ》天皇（推古）は、天国排開広庭《あめくにおしはらきひろにわ》天皇（欽明）の第二女である。橘豊日《たちばなのとよひ》天皇（用明《ようめい》）の同母妹であった。幼名を額田部皇女といった。容貌は光り輝くように美しく、振る舞いには無駄がなく節度があった。十八歳で渟中倉太玉敷《ぬなくらふとたましき》天皇（敏達《びだつ》）の皇后となった。三十四歳の時に天皇が亡くなった。三十九歳の時、それは泊瀬部《はつせべ》天皇（崇峻《すしゅん》）の五年十一月にあたったが、天皇が大臣《おおまえつきみ》蘇我馬子によって殺害されてしまった。王位が空白となってしまったので、群臣《まえつきみ》たちは渟中倉太玉敷天皇の皇后であった額田部皇女に要請し、彼女を即位させようとした。皇后はそれを辞退した。官僚たちは表をたてまつり即位を要請した。それが三度目におよんで、ようやく天皇の璽印《みしるし》をたてまつることができた。

彼女は六二八年に七十五歳で亡くなっているので、五五四年の生まれである。欽明天皇と蘇我堅塩媛のあいだに生まれた七男・六女のうち四人目の子であった。長兄に大兄皇子《おおえのみこ》（後の用明天皇）がいた。

額田部の名前は、彼女が額田部氏出身の乳母の手で育てられたことをあらわしている。

額田部氏は、額田部とよばれる服属集団を統率・管理する仕事を世襲した氏族であった。額田の名前をもつ大王・王族に貢納・奉仕するのが額田部であるが、彼女以前に額田の名をもつ大王・王族が実在した可能性は乏しい。そうであるとすれば、彼女の誕生とともに、彼女にもっぱら貢納・奉仕する服属集団と、それらを統率・管理する氏族とが新たに設定され、その氏族から乳母もえらばれ、幼ない皇女の養育にあたったことが考えられよう。

このように額田部皇女は、生まれながら政治的・経済的に特別扱いされていたといえる。六七一年、彼女が十八歳の時、異母兄にあたる敏達天皇と結婚することになるが、この年の四月に欽明が亡くなっていることから考えて、この異母兄妹どうしの結婚は欽明の遺命だった可能性がある。二人の縁組みが一定の政治的な目的のもとになされたことは明らかであろう。

五七二年の四月、敏達天皇が即位したが、額田部皇女が敏達の大后（キサキ・オオキサキ）になったのは四年後の五七六年のことであった。

『日本書紀』は五七五年正月に「皇后」に立てられた広姫《ひろひめ》（息長《おきなが》真手《まて》王《のおおきみ》のむすめ）が亡くなったので、彼女に代えて額田部が「皇后」になったと記す。だが、「皇后」は明らかに『日本書紀』編纂段階の追記である。また、額田部が敏達「皇后」になる直前に、「皇后」

に立てられて間もない広姫が亡くなった、というのも不審であろう。

「皇后」の前身にあたる大后の地位に最初に就任したのは、広姫ではなく額田部皇女その人であったと思われる。なぜならば、額田部が大后になった翌年（五七七年）、大后の地位に付属し、大后に貢納・奉仕を行なう服属集団として私《きさいち》部《べ》が設置されているからである。私部の設定は、この直前に大后の地位が正式に発足したことを意味している。

大后とは、大王のたんなる正妻の地位ではなく、大王の政治を輔佐するのが大后にもとめられた第一の役割であった。欽明天皇の時代以降、大王による列島支配の拡大とともに、大王一人では複雑化した政務の処理に十分に対応できなくなった。そこで、大王の近親者であり、なおかつ大王の配偶者でもある、大王に最も近しい女性王族に執政の一部を分掌させることにしたのが大后の地位を創設したねらいであった。

　大王敏達の異母妹であり、敏達の妻の一人になっていた額田部皇女は、大后となるのに最も相応しい存在であったといえよう。彼女が大后にえらばれた背景として、

六世紀大王家略系図

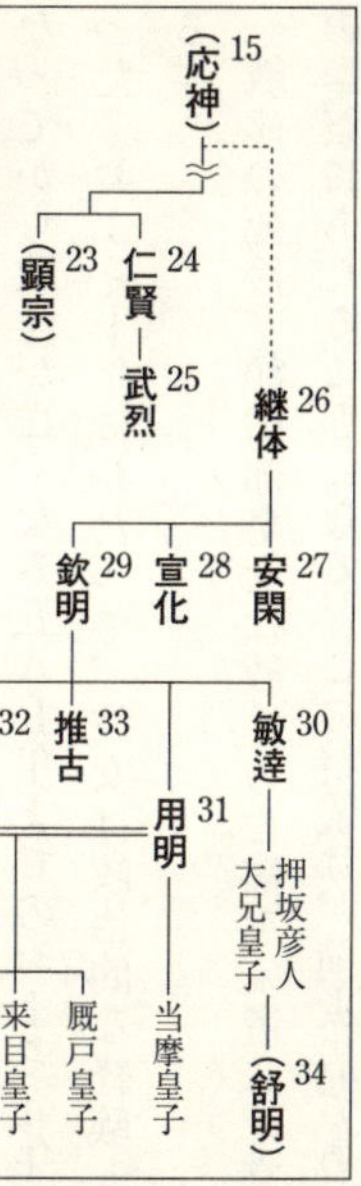

天皇名の右肩の数字は『日本書紀』の天皇の代数

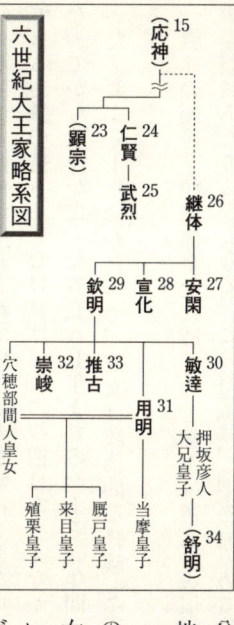

幼少女期から彼女が優遇されていたことも軽視できない。ただ、彼女が大王の政治を輔佐できる力量の持ち主でなければ、この抜擢はありえなかったと思われる。額田部は大后になってから敏達が亡くなる五八五年までのおよそ九年間、敏達とともに権力の行使にあたった。およそ十年にわたって、彼女は政治的な経験と実績を確実に積んでいったのである。

敏達の死後、額田部皇女は敏達の亡骸《なきがら》を安置した宮殿（殯宮《もがりのみや》）にこもり、敏達の霊魂の奉祭にあたることになる。この祭儀は、前大后である彼女が亡き敏達とともに積み上げてきた政治的な経験と実績を支配層全体に認知させるという政治的意味があったと思われる。

大后から大王へ——女帝誕生

敏達の後を襲ったのは、その異母弟、大兄皇子（堅塩媛のむすこ）であった。用明天皇である。彼を大王に擁立することを勧めたのは、前大王と同格ともいうべき前大后額田部皇女であったに違いない。

当時は、大王としての政治を行なうのに相応しい人格・資質の持ち主を擁立するために、世代や年齢といった条件によって大王がえらばれていた。欽明のむすこたちのなかで、敏達に次ぐ年長者であった用明の即位は順当な選択であったと思われる。

この時、用明の即位に異を唱え、自身の即位を主張したのが穴穂部皇子《あなほべのみこ》である。彼は用明の異母弟（小姉君のむすこ）であり、用明の妻になっている穴穂部間人皇女《あなほべのはしひとのひめみこ》の同母弟であった。用明と穴穂部間人皇女とのあいだに生まれた長男が厩戸皇子《うまやとのみこ》（聖徳太子）である。

翌五八六年、穴穂部皇子は敏達殯宮に侵入、そこになお奉仕していた額田部皇女と強引に男女の関係を結ぼうとしたが失敗する。彼のこの暴走は、額田部と夫婦になることによって、自身の即位の可能性を高めようとしたものであった。

この計画を阻止したのが亡き敏達の寵臣、三輪逆《みわのさかう》だった。穴穂部は彼を支持する有力豪族、物部守屋《もののべのもりや》とともに、逆の誅殺を叫び、彼を追い回した。逆は用明の磐余池辺双《いわれのいけのへのなみ》槻宮《つきのみや》に逃げ込んだが、穴穂部は逆を討つと称して、磐余池辺宮の主人である用明の殺害をはかったようである。これについて、『日本書紀』はつぎのように記す。

穴穂部皇子はひそかに天下の王になろうと謀り、三輪逆を殺すことを口実にした。そして、ついに物部守屋とともに兵を率いて磐余の池辺を包囲したのである。

穴穂部らは三輪逆を討ち果たすことはできたが、用明の殺害は未遂に終わった。しかし、用明はかれらの襲撃によって致命的な傷を負わされていた可能性がある。これは、穴穂部と守屋によるクーデタというべきであろう。翌年四月に用明の容態が悪化すると、穴穂部は早々に前非を悔いて、用明に謝罪をした。これにより、用明の容態悪化の因を作った物部守屋ひとりが急速に孤立を深めていくことになる。

そして、数日後に用明が亡くなると、守屋の罪は決定的なものとなった。河内《かわち》国の本居地にもどった守屋は頽勢《たいせい》を挽回するため、一度は自分を裏切った穴穂部と連携して抗戦する途をえらんだ。しかし、穴穂部は守屋との同盟を拒否し、ついに動こうとしなかった。しかし、穴穂部が守屋と手を組む可能性があることを察知した馬子は、前大后、額田部皇女の命と称して、速やかに穴穂部殺害を命じる。穴穂部という抗戦のさいに不可欠の旗頭を奪われた守屋はますます孤立に追い詰められていった。

その後、馬子は諸皇子・諸豪族を動員し、額田部皇女に対して責任を果たすという形で守屋を討ち果たす。内戦(この年の干支《えと》を取って丁未《ていび》の役《えき》という)の終結後、額田部は、守屋討滅戦に参加した諸皇子のうち最年長だった泊瀬部《はつせべ》皇子(崇峻天皇)を次期大王に指名した。

この内戦を通じて、前大后としての額田部皇女の権威と支配力はますます高められ、彼女と馬子の政治的連携もさらに強化されることになったのである。

五九二年十一月、崇峻天皇が蘇我馬子の放った刺客（東漢直駒《やまとのあやのあたいこま》）の手で暗殺されると、次期大王として擁立しうる者、いい換えるならば、その時点で直ちに大王権力の行使にあたることができる者としては、前大后である額田部皇女しかいなかった。欽明の孫の世代にあたる押坂彦人大兄皇子《おしさかのひこひとのおおえのみこ》・竹田皇子《たけだのみこ》・厩戸皇子らはいずれも若年であって、執政能力、執政の経験・実績という点で額田部には遠くおよばなかった。

こうして、史上最初の女帝、推古が誕生したのである。

飛鳥寺——官寺か？ 私寺か？

今でこそ、飛鳥大仏を安置した安居院というささやかなお堂があるにすぎないが、往時は、ひとつの塔を三つの金堂が囲むという独特の伽藍配置《がらんはいち》（一塔三金堂）を東西一一二メートル、南北九〇メートルの回廊が取り囲むという、文字どおりの大伽藍であった。飛鳥寺は、それに付属する周辺の施設や建物などもふくめれば、その寺域は東西およそ二一五メートル、南北で約二九三メートルであり、狭義の飛鳥のほとんど北半分を占めていたといっても過言ではない。

飛鳥寺の建立については、二つの伝えがある。

ひとつは、蘇我馬子が物部守屋との対決のさいに諸天王・大神王に戦勝を祈願したことに由来するというもの。今ひとつは、高句麗《こうくり》僧の恵便《えべん》について得度出家した善信尼《ぜんしんに》（司馬《しば》達等《たっと》のむすめ、嶋女《しまめ》）らが、正式な尼となるためには法師寺の十師と尼寺の十尼師による授戒が必要であると馬子に訴えたので、すでにあった尼寺（豊浦寺《とゆらのてら》）に加えて、馬子が法師寺として建立したのが飛鳥寺であった、とするものである。

いずれにしても、蘇我馬子が飛鳥寺建立になくてはならない人物とされている。飛鳥寺が蘇我氏の私寺であったという見解は、このあたりが出所といってよいかも知れない。推古女帝や厩戸皇子が関与したとする所伝もあるにはあるが、あくまで建設の主体は馬子と蘇我氏にあったと見られている。

『日本書紀』によれば、飛鳥寺の建立が企画され、実際に造営が開始されたのは、五八七年の丁未の役が終結した後、崇峻天皇の時代のことであった。

まず五八八年、百済《くだら》から僧の恵総《えそう》・令斤《りょうこん》・恵寔《えしょく》らが派遣され、仏舎利《ぶっしゃり》がもたらされた。同時に聆照律師《りょうしょうりっし》・令威《りょうい》・恵衆《えしゅ》・恵宿《えしゅく》・道厳《どうごん》・令開《りょうけ》ら、寺工の太良未太《だらみだ》・文賈古子《もんけこし》、鑪盤《ろばん》博士の将徳白味淳《しょうとくはくまいじゅん》、瓦博士の麻奈文奴《まなもんぬ》・陽貴文《ようきもん》・㥄貴文《りょうきもん》・昔麻帝弥《しゃくまたいみ》、画工の白加《びゃくか》らが派遣されてきたのである。真神原にあった飛鳥衣縫造《あすかのきぬぬいのみやつこ》の祖、樹葉《このは》の家を壊して飛鳥寺の整地作業が開始されたのも、この年のことであった。

ついで五九〇年の十月より、山に入っての材木伐採が始められる。二年後の十月には飛鳥寺の仏堂（金堂）と歩廊（回廊）が建てられた。崇峻暗殺の前月のことである。

五九三年正月、仏舎利を塔の心礎に納める儀式が執り行なわれ、塔が建てられた。『日本書紀』には見えないが、『上宮太子《じょうぐうたいし》拾遺記《しゅういき》』が引く「本元興寺縁起《ほんがんごうじえんぎ》」には、蘇我馬子がこの儀式のさい、頭髪は僧形で、「百済服」を着ていたという記述が見える。

こうして五九六年の十一月には飛鳥寺が一応完成したとされている。伽藍の完成と同時に、馬子の長子の善徳《ぜんとこ》という人物が飛鳥寺の寺司《てらのつかさ》に任命されたという。

金堂に安置される本尊の製作はこれより若干おくれたようで、六〇五年になって銅《あかがね》・繡《ぬいもの》の丈六仏像各一体の製作が始まっている。この時、高句麗王より仏像の鍍金用にと黄金三百両が贈られたという。翌六〇六年、銅・繡の丈六仏像が完成し、鞍作鳥《くらつくりのとり》（止利《とり》仏師《ぶっし》）の手に成る銅像が飛鳥寺金堂に安置された。

『日本書紀』を見る限り、飛鳥寺の建立に馬子や蘇我氏が直接関わったことが明らかなのは、伽藍完成とともに馬子のむすこの善徳が

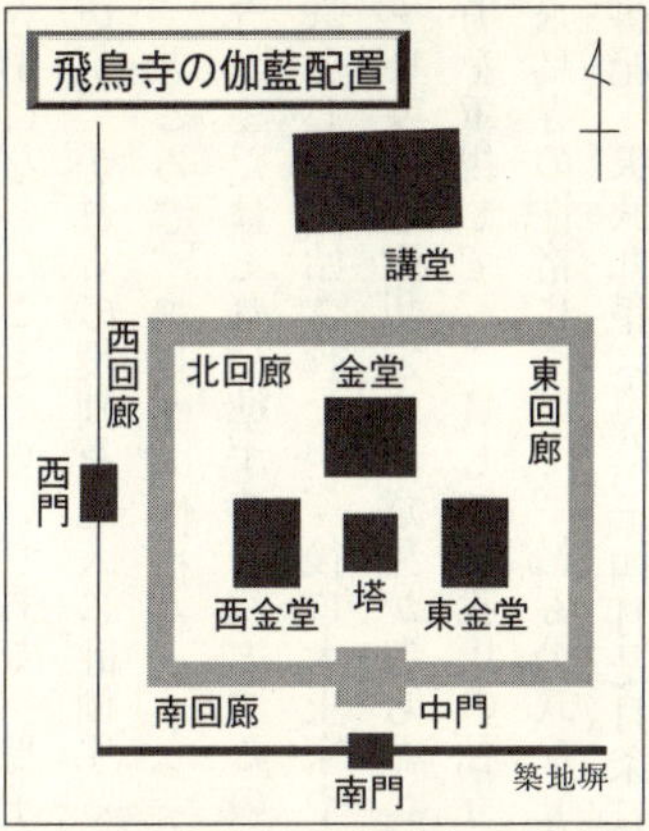

奈良国立文化財研究所『飛鳥寺　飛鳥資料館図録第15冊』（1986）より作成

寺司になったことくらいである。馬子や蘇我氏が飛鳥寺造営に関与したことは否定できないが、かれらの役割を過大に評価するのは疑問であろう。

ところで、飛鳥寺の性格をめぐっては、かつては大王家や政府が建設・維持した「官寺」またはそれに準ずる寺院とするのが定説であった。しかし、当初は蘇我氏の私的な造営として開始されたが、後に大王家や政府が関与することになったとして、「私寺→官寺」という変遷を想定する意見があらわれ、それに対し、蘇我氏の飛鳥寺に対する関係や影響力を重視して、一貫して蘇我氏の私寺であったとする考えかたが唱えられるにいたった。

飛鳥寺の性格について、最も公式な立場から確実な情報を伝えているのは、つぎの『日本書紀』天武《てんむ》九年（六八〇）四月是月《このつき》条に見える詔であろう。

およそ諸寺は、今から後、国の大寺とした二、三を除いて、政府の管轄外におくこととする。ただ食封《じきふ》の支給を受けている寺については、先後三十年を限って支給を続ける。もし支給年数を数えて三十年におよんでいる場合は、直ちに支給を停止せよ。また思うに、上記の措置を適用すれば、飛鳥寺は今後、政府の管轄を受けないことになる。しかし、もともと飛鳥寺は大寺ということで、一貫して政府の管轄下におかれてきた。また、かつて天皇に対し勲功もあった。そのようなわけであるから、飛鳥寺はなお政府の管轄のもとにおくことに決定した。

この天武九年四月詔は、飛鳥寺が一貫して官寺だったのであり、今回の措置を適用すれば、他の諸寺とともに「官寺↓私寺」とするのが順当なのであるが、この寺の来歴や功績などを勘案するならば、飛鳥寺のみは例外的な存在として官寺のままとする、というのがその主旨であろう。この史料から、「私寺↓官寺」という推移を読み取ることはできないし、他方、一貫して私寺であったなどとはどこにも書かれていないといわねばならない。むしろ、はっきりと分かるのは、飛鳥寺が官寺のなかでも別格の存在とされていたことである。問題は、飛鳥寺がどのような意味で特別な官寺であったか、ということであろう。

飛鳥寺を創るということ

以上見てきたように、飛鳥寺は創建当初から官寺だったのであり、その造営に蘇我馬子や蘇我氏が大いに尽力したことは否定できないとしても、その建設は決して、馬子個人や蘇我氏という一氏族の私的な事業ではありえなかったのである。

それは、飛鳥寺の建立にあたって、百済からの技術援助があったことからも明らかであろう。これは、あくまでも百済の王権から倭国の王権に対する技術援助であったと考えられる。五三八年、百済の聖王《せいおう》は倭国の欽明天皇に仏像や経論を贈与したが、この出来事が仏教公伝といわれていることからも分かるように、飛鳥寺造営に対する百済からの技術援助も、その主体は百済王権であったと見なすべきであろう。

馬子は、五九三年に行なわれた飛鳥寺の塔心礎への仏舎利埋納の儀式で「百済服」を着たと伝えられるが、これは、飛鳥寺の建立が百済王権からの援助なしには実現できなかったことを、誰の目にも見える形であらわそうとしたものであろう。この時代の倭国の仏教が、百済を発信基地にするものであったことを思えば、馬子が「百済服」を着用したというのも、仏教を介した百済と倭国との交流という文脈をぬきにしては考えがたいのである。

他方、百済王権のみならず高句麗《こうくり》王権からも、飛鳥寺の本尊である丈六釈迦如来坐像の造立に対して黄金三百両という物質的援助があったことも軽視できない。飛鳥寺の伽藍配置は一塔三金堂という特殊なものであったが、高句麗にも同様の伽藍配置（清岩里廃寺《せいがんりはいじ》）が確認されるので、高句麗は寺院建立のプランも倭国に提供した可能性がある。

このように、飛鳥寺が国際的な援助をうけて倭国の王権が造営した公的な寺院であったことは、その立地からも明らかであろう。後に大王家の本居地、王権の聖地として完成した飛鳥の北半分を占めたのが飛鳥寺であり、その南半分には飛鳥の名を冠した大王宮（飛鳥岡本宮など）が営まれることになる。大王家の拠点である飛鳥の北半を占める飛鳥寺が、馬子という一個人の発願《ほつがん》になる、一蘇我氏のための私的な寺院であったとは到底考えがたいであろう。

馬子と蘇我氏が飛鳥寺の造営に多大の貢献をしたのは、蘇我氏と王権との関わりで理解すべきではないかと思われる。馬子は大王家のミウチという立場から、大王家の本居地、王権の聖地を建設するための飛鳥寺建立に力を尽くしたのであろう。

他方、推古女帝が飛鳥寺の造営に関与したことは、これまであまり評価されてこなかった。しかし、最近、彼女の「豊御食炊屋姫」という名前が諡号ではなく、生前の通称的な呼び名だったのではないかと見なされるようになり、話は変わってきた。

仏教では寺院などを建立するさい、男は寺院の建設に、女は働く男たちのための炊事を通じて仏に奉仕を行なうものとされていた。推古が生前から「炊屋姫」の名でよばれていたとするならば、彼女は特定の寺院の造営にみずから献身したことになる。少なくとも、同時代にそのように記憶されていたということである。女性大王である推古が関わった寺院造営となれば、やはり飛鳥寺と考えるのが最も妥当であろう。

すでに述べたように、飛鳥川の東岸、真神原とその周辺は、磐余とは違い、大王家との接点をもつ神聖性が乏しかった。ここを大王家の本居地、王権の聖地に仕立て上げるためには、大王家の手で宗教的な神聖性を注入しなければならない。

推古と馬子によって建立された飛鳥寺とは、真神原とその周辺に仏教の宗教性・神聖性を浸透させ、定着させるための施設であったということができよう。飛鳥寺が官寺のなかでも別格の存在とされていたのは、飛鳥開発に果たした同寺のこのような役割によると考えていいだろう。

それでは、真神原とその周辺、すなわち飛鳥に、かつての磐余とは規模も質も異なる大王家の本居地、王権の聖地を創ろうとしたのはどうしてだろうか。

これについては、『古事記』の雄略天皇段のつぎの説話が参考になるだろう。


初め、皇后(若日下部王《わかくさかべのおおきみ》)が日下《くさか》にいた頃、天皇(雄略)は日下の直越《ただご》えを通って河内に出掛けた。山の上に登り、国の内をながめたところ、鰹木《かつおぎ》をのせた家屋を建てている家があった。天皇は人を遣わし、

「あの、鰹木をのせて建てた家は、一体誰のものか」

と尋ねさせた。答えていうには、

「志幾《しき》の大県主《おおあがたぬし》の家でございます」

とのことであった。天皇は、

「この奴《やっこ》め、おのれの家を天皇の御殿に似せて造ろうとは！」

といった。

この後、雄略天皇は志幾大県主の家を焼き払おうとしたのだが、大県主が奉納品を献上して平謝りに謝ったので、事なきを得たことになっている。この物語から分かるのは、当時の大王の宮殿が、大王のもとに結集している各地の有力な豪族たちの居館と、規模・構造などの点でそれほどの格差がなかったということであろう。これは、あくまでも雄略天皇の時代を舞台にした物語にすぎないが、群馬県群馬郡にある三ツ寺I遺跡（五世紀後半から六世紀の豪族大型居館）などを見れば、地方の有力な豪族の居館がいかに規模の大きなものであったかが分かる。大王は一般の豪族層の結集の核であるとはいえ、このままでは一般の豪族層と基本的には同質という状態を脱することができない。

大王の地位と権力を一般の豪族層を超越・凌駕《りょうが》したものに高め、強めるためには、まずは「容れ物」から根本的に変えていく必要がある。大王の居館とそれを取り巻く空間を一般の豪族層の居館とはまったく異なる、隔絶したものにしようと企てたのはそのためであった、と考えられる。

飛鳥開発を阻んだ人びと

飛鳥寺の建設は、五八八年の着工以降、ほぼ順調な進捗《しんちょく》を見せたが、企画段階で反対や妨害がなかったわけではない。

蘇我馬子らによって滅ぼされた物部守屋《もののべのもりや》は、飛鳥寺の造営に反対した一人ではないかと思われる。物部氏は守屋の父である尾輿《おこし》の時代から仏教の受容に強硬に異を唱え、守屋もその一件で蘇我馬子と対立を深め、ついには全面対決をして滅び去った、と見られている。

しかし、物部氏の本居地である河内国渋川《しぶかわ》郡（現在の大阪府八尾市）には、この時代の寺院跡（渋川廃寺）が存在した。飛鳥時代の初期のものと見られる、高句麗式の鐙瓦《あぶみがわら》も発見されているのである。この点からいって、物部氏が仏教の受容そのものに反対していたとは考えがたい。

守屋は、仏教信仰そのものに異論を唱えたのではなく、仏教の受容やその利用の仕方に関して、馬子らとは別の意見をもっていたのではあるまいか。それは、飛鳥寺という仏教の施設を創ることによって、飛鳥に大王家の本居地、王権の聖地を創り出すという推古や馬子らの計画に、守屋は反対の立場を採っていたのではないか、と思われる。

飛鳥開発の第一歩となった飛鳥寺の造営が、物部守屋が滅び去った翌年から本格的に開始されていること、飛鳥寺の造営が守屋との戦争のさなかに発願《ほつがん》されたという有名な伝えがあることなどが、この推測を裏付けてくれる。守屋は、一般にいわれているように仏教の受容それ自体ではなく、仏教という外来の宗教を利用した飛鳥開発に反対していたといえるであろう。

また、崇峻《すしゅん》天皇も推古・馬子の構想に一線を画しており、それゆえに非業の最期を遂げた可能性がある。

崇峻暗殺には、後述するように朝鮮半島情勢が深く関係していると思われるが、崇峻と推古・馬子のあいだにそれ以外の問題をめぐって確執があったとすれば、考えられるのは、飛鳥開発の問題をめぐってのことだったのではないだろうか。

それは、崇峻がかつての磐余でもない、また飛鳥の周辺でもない、山深い倉梯《くらはし》に宮殿を営んでいるからである。崇峻が倉梯に大王宮を造営したのは、彼を当初から傀儡《かいらい》としか見なしていない馬子によって「押し込め」られた結果である、というように何の証明もなしに断定されてきた。

だが、倉梯に大王宮を営んだのが崇峻自身の意志にもとづくと考えることができるならば、話は違ってくる。崇峻が、推古や馬子による飛鳥開発構想に、少なくとも一定の距離をおこうとしていたことだけは間違いあるまい。

小墾田の女帝、嶋の大臣

推古と馬子は、飛鳥寺の建立を通じて飛鳥の開発に乗り出すとともに、旧居から新居への引っ越しを行なったようである。

推古はその大后（敏達の死後は前大后）としての宮殿が海石榴市《つばきいち》にあった。穴穂部皇子《あなほべのみこ》と物部守屋にねらわれた三輪逆《みわのさかう》は、一時、この海石榴市宮に身を潜めたという。海石榴市とは三輪山の南西麓、現在の桜井市金屋《かなや》のあたりであり、古代には山辺道《やまのべのみち》（春日山地の西麓を縦走し、初瀬に向かう）と横大路《よこおおじ》（奈良盆地の南部をほぼ直線で横断し、河内と伊賀《いが》・伊勢を結ぶ）とが交差するチマタ（街・術・衢と書く）があったことで知られている。そのような交通の要衝でもあったから、市が立つ場所でもあった。

大后ついで前大后時代の推古の住まいが海石榴市にあったのは、当時、大王家の本居地が磐余におかれていたからであろう。海石榴市は磐余の周辺といってよい。

他方、馬子は何箇所か居館をもっていたようであるが、それは大体、畝傍《うねび》山の東南、古代に軽《かる》や身狭《むさ》（見瀬）とよばれた地域に営まれていたと考えられる。

敏達天皇の時代、馬子は百済からもたらされた弥勒《みろく》の石像を居宅の東方に造った仏殿に安置したとされており、この居宅が「石川の宅《いえ》」とよばれるものであろう。これは、現在の橿原市石川町のあたりにあったといわれる。

馬子らと守屋との対決が必至の情勢となった時に、大伴《おおともの》毗《ひ》羅《ら》夫《ふ》は手に弓箭《ゆみや》と皮楯をもって、馬子の「槻曲《つきくま》の家」の警衛にあたり、非常に備えたという。この「槻曲の家」というのは、その呼称が似ていることからいって、蘇我稲《いな》目《め》の「軽曲殿《かるのまがりどの》」を継承した居館である可能性が大きい。

「槻曲」の槻は、神が宿る木とされたケヤキのことであるから、「槻曲の家」というのは、ケヤキの古木が祭られていたことで知られる軽樹村坐神社《かるのきむらにいます》（橿原市西池尻町）の近傍にあったのではないかと思われる。また、「槻曲」の槻が「築坂《つきさか》」「桃花《つ》鳥《き》坂《さか》」のツキを指すとすれば、それは橿原市鳥屋の付近となる。いずれにせよ、「軽曲殿」「槻曲の家」の所在は、現在の橿原市の範囲内にもとめられることになる。

さて、前大后として海石榴市宮にあった推古は、五九二年十二月に豊浦宮《とゆらのみや》に遷り、そこで王位を継承した。すでに述べたように、豊浦は飛鳥川西岸の地名であり、そこには推古の祖父、蘇我稲目の「向原《むくはら》の家」、また彼が造った「向原寺」があったようである。推古が即位の場所を豊浦にもとめたのは、そこが彼女の祖父によって切り拓かれた土地だったからなのではあるまいか。

推古が即位してからおよそ十年後の六〇三年十月、彼女は豊浦宮から小墾田宮《おはりだのみや》に遷る。

前に見たように、小墾田より南が狭義の飛鳥であった。推古がここに遷った理由については明らかではないが、それは飛鳥開発の構想に関係する可能性がある。

小墾田宮の遺跡に関しては、かつては豊浦の北方にある古宮土壇《ふるみやどだん》がそれにあたるとされてきたが、近年になって雷丘《いかずちのおか》東方遺跡が注目を集めている。九世紀の井戸の跡から「小治田宮」と書かれた土器数点が発見されたのをきっかけに、今日までに直径一メートル以上の礎石を並べた総柱建物二棟、掘立柱建物五棟、幅が三メートルある土塀の遺構などが確認されている。

さらに、雷丘の南麓からは花崗岩を組んで造った池や広場、溝といった庭園の遺構も見つかっている。宮殿の中心部分の発掘はまだであるが、推古女帝の小墾田宮が雷丘の東西に広く展開しており、むしろ、雷丘が小墾田宮のなかにふくまれる可能性が高まってきたのである。

他方の馬子であるが、彼は後年、「嶋大臣《しまのおおまえつきみ》」とよばれるようになったことから、明日香村の島庄《しまのしょう》の地に居館を営んでいたことが知られる。すでに見たように、彼は敏達天皇の時代には「石川の宅」や「槻曲の家」に住んでいたことが明らかであるから、現在の地名でいえば橿原市内から明日香村の島庄に引っ越したことになる。そのタイミングとしては、馬子が推古とともに飛鳥の開発に乗り出した崇峻天皇の時代の末年ということにな

雷丘東方遺跡で見つかった、小墾田宮のものと見られる倉庫跡

写真提供・共同通信社

るであろう。

『日本書紀』の推古三十四年（六二六）五月条に、つぎのように見える。

大臣（蘇我馬子）が亡くなった。そこで桃原《ももはら》の墓に埋葬した。大臣は稲目宿禰《いなめのすくね》の子である。人柄は武略に長け、また弁舌の才があった。三宝（仏教）を崇拝して、飛鳥川のほとりに居館をもうけた。その館のなかの庭に小さな池を造った。そして、小さな嶋を池のなかに造ったので、当時の人は彼を嶋大臣とよんだ。

これによれば、馬子の通称にふくまれる嶋とは、そこにもともと存在した地名ではなく、彼が居館のなかの庭園にもうけた中の島に由来するようである。馬子がここに居を遷した後に、嶋の地名が生まれたことになる。では、それ以前の地名が桃原だったのかというと、「嶋大臣」を葬ったのが「桃原の墓」というのであるから、やはり桃原は嶋とは別の場所だったことになろう。いうまでもなく、嶋の地が有名な石舞台古墳のある現在の明日香村の島庄であることは動かないから、馬子の墓が営まれた桃原は、石舞台とは別の場所にもとめざるをえない。

このように、推古と馬子は、飛鳥開発に乗り出すと同時に、もともとの住居から、開発の対象である飛鳥の近傍に遷り住んだわけであるが、注目されるのは、二人ともが狭義の飛鳥のなかには住もうとしなかったことである。

推古女帝がまず最初にえらんだのは飛鳥への北西からの入り口ともいうべき豊浦の地であり、ついで飛鳥への北からの入り口、小墾田に遷った。豊浦はあくまでも飛鳥の北西部を押さえる位置にあるが、小墾田のほうは飛鳥の北辺に張り付いて、飛鳥の北側一帯をしっかりとブロックする格好となる。一方の馬子は、飛鳥への南からの入り口にあたる嶋の地に邸宅を築いた。なぜか申し合わせたかのように、二人は飛鳥に足をふみ入れようとはしなかったのである。

これについては、いろいろな解釈が可能であろうが、飛鳥寺創建の意義を上記のように考えるならば、かれらは飛鳥寺を建立し、飛鳥寺の存在によって飛鳥という土地に仏教の宗教性、神聖性を十分に染み渡らせ、しかる後に、そこが一定の「聖域」として熟成するのをじっくりと待とうとしたのではないか、と思われる。先に述べたように、飛鳥という土地が磐余とは異なり、かならずしも大王家にとって神聖な空間とはいえなかったことを思えば、飛鳥寺の造営に取り掛かり、それが完成したからといって、すぐさま慌ててそこに大王宮を営むというわけにはいかなかったのであろう。

「聖域」としての枠組みと基盤をしっかりとふみ固めた後、そこにどのような都市プランを描くか、これは女帝推古と嶋大臣馬子が改めて取り組むべき課題だったのである。

第二章　飛鳥と、斑鳩と――厩戸皇子の実験

発掘された若草伽藍の塔心柱の礎石。写真提供・共同通信社

厩戸皇子の登場

飛鳥の開発を企画し、それを実行に移したのは、推古女帝と蘇我馬子《そがのうまこ》であったが、推古・馬子と述べてきて、今ひとり、厩戸皇子《うまやとのみこ》について触れないわけにはいかないだろう。

厩戸皇子は、蘇我稲目《いなめ》のむすめ（堅塩媛《きたしひめ》・小姉君《おあねのきみ》）を母とする両親（用明《ようめい》天皇・穴穂部間人《あなほべのはしひとの》皇女《ひめみこ》）のもとに誕生した。彼の祖父は父方・母方ともに欽明《きんめい》天皇であり、父方の祖母、母方の祖母、いずれも蘇我氏の出身（稲目のむすめ）であった。厩戸皇子が蘇我系の王族というべき存在であったというのは、たしかに彼の本質を衝いた評価といえよう。

厩戸皇子の誕生時の奇跡や、彼の異能を語る幼少年期のエピソードは、飛鳥を舞台にした七世紀の歴史を綴ろうとする本書にとって埒外《らちがい》の問題とせざるをえない。彼が歴史の舞台に初登場したのは、蘇我馬子らが物部守屋《もののべのもりや》を倒した内戦、丁未《ていび》の役《えき》への参戦であった。厩戸はこの時、わずか十四歳だった。馬子は、守屋との対決を前にして、守屋を完全に圧倒するために、その陣営に有力な王位継承候補を多数参加させた。厩戸はあくまで、そのなかのひとりにすぎなかった。馬子の持ち駒のひとつ、といったところである。

厩戸皇子の歴史の表舞台への正式なデビューを記すのは、つぎの『日本書紀』推古元年（五九三）四月己卯《きぼう》条であろう。

厩戸豊《とよ》聡耳皇子《とみみのみこ》を皇太子に立てた。よって国政を統括させ、政治のすべてを委ねることにした。

厩戸皇子が推古女帝の皇太子であったというのは、かつては定説として不動の位置を占めていた。だが、今日では皇太子制は六八九年に施行された飛鳥《あすか》浄御《きよみ》原《はら》令《りょう》において成立したと考えられており、厩戸皇子は皇太子という公的なポジションにあったわけではな

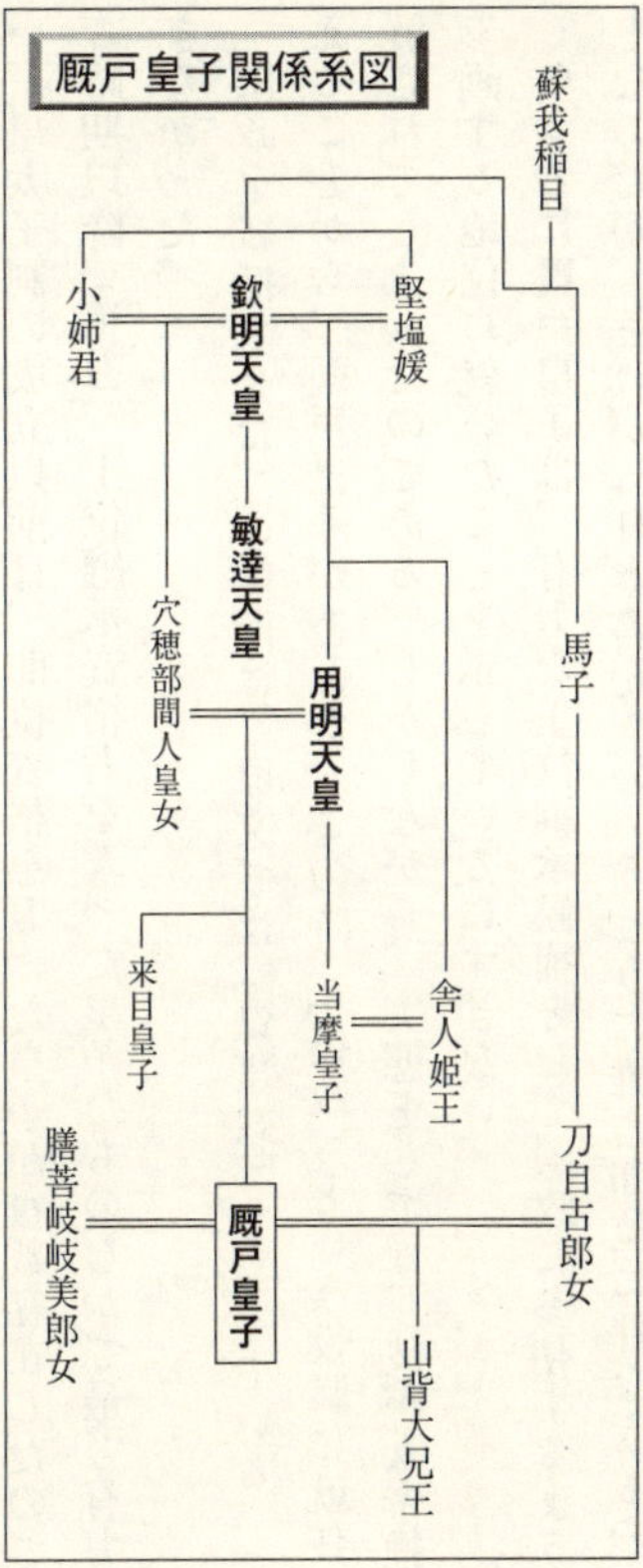

い。皇太子制の成立以前は、即位資格をもった皇子が複数存在したのであって、厩戸はある時期以降（後述）、王位継承資格者をもった皇子たちのなかで最も有力な人物というにすぎなかった。

「国政を統括させた」の箇所は、原文では「録摂政」となっている。「摂政」の文字が見えることから、厩戸皇子があたかもこの時、「摂政」という役職に就任したかのように誤解されてしまったのである。しかしながら、実態としては、彼が女帝推古のもとで国政に参画する地位に就いたことを示しているにすぎない。

要するに厩戸皇子は、有力な王位継承候補として国政に参与するようになったということなのだが、それが『日本書紀』のいうように推古即位に伴なうものであったかとなると、そうとは考えられない。なぜならば、この時期、大王は世代や年齢などの条件によって選出されており、三十歳前後の壮年に達していなければ、その即位は容認されなかったからである。

したがって、大王候補として国政に参画する場合でも、年齢がまったく問題にならなかったとは思われない。厩戸皇子は五九三年当時、まだ二十歳であり、大王としての即位はもちろん、有力な皇子として国政に参画することも、なお遠い将来のことだったに違いない。

女帝がいたから彼がいた

厩戸皇子が国政に参画するようになったのは、五九三年よりも十年ほど後、西暦六〇〇年前後のことだったのではないかと思われる。

それは、六〇〇年頃から倭国の政権が新政策（遣隋使、冠位十二階や憲法十七条などの制定）を打ち出し始めており、その点からいって、政権のメンバー構成に変化のあったことが考えられるからである。さらに、六〇一年に厩戸皇子が斑鳩宮《いかるがのみや》の造営を開始しており、六〇七年、その経済基盤としての壬生部《みぶべ》（後に上宮乳部《かみつみやのみぶ》とよばれるようになる）が諸国に設定されていることが手掛かりになる。

斑鳩宮について詳しくは後述するが、それは、厩戸皇子とその一族の居所であるとともに家政機関（家産の維持・管理機構）でもあった。発掘の結果、その規模は一般に考えられているよりもはるかに大きなものだったことが判明している。

壬生部は、厩戸皇子のように大王候補として国政に参与する有力な皇子の地位に付属し、そのような皇子に貢納・奉仕する服属集団のことであった。各地に置かれた壬生部からの貢納・奉仕は、厩戸が住まう斑鳩宮に集められることになる。

斑鳩宮のような宮殿や、その経営・維持を支える経済基盤である壬生部は、後に皇太子の居所・家政機関である東宮坊《とうぐうぼう》や、その経済基盤ともいうべき東宮湯沐《とうもく》に引き継がれていった。このことから見て、厩戸皇子が授かった斑鳩宮や壬生部は、有力な王位継承資格者のステータスだったことが明らかである。厩戸皇子が斑鳩宮を造営し、そこに遷り住み、壬生部という経済基盤をあたえられた六〇〇年頃、彼の政権内部における地位・身分に大きな変動・上昇があったことは確実といえるだろう。

ところで、厩戸以前に、王位継承資格をもった皇子が内政や外交に関与したことがあったのであろうか。そのような前例がまったくなかったとはいえないが、そのようなポジションが制度的に確立を見たのは、厩戸皇子の時が初めてだったのではないかと思われる。なぜかといえば、それは女帝の誕生と関係がある。すでに述べたように、女帝とは、大王の政治を輔佐して執政の経験と実績を積み上げてきた大后が、その点を高く評価されて王位を継承したものと考えられる。このように大后から大王に上昇した女帝は、かつての大王が大后の輔佐を得て執政を行なったように、やはり特定の人物による輔佐を受ける必要があるだろう。

史上初の女帝推古のもとで、彼女の甥という近親者である厩戸皇子が国政に加わるようになったのは、かつて大后が夫である大王の執政を輔佐した前例にならい、それに代わるものだったのではあるまいか。そして、敏達《びだつ》の時代に成立した大后の地位を制度的にたてしかなものとするため、その地位に付属する私部《きさいちべ》が設定されたように、厩戸皇子のように有力な大王候補という資格のもとに女帝の統治を輔佐する皇子の地位に付属する服属集団として、壬生部が設置されることになったのであろう。その意味で、我が国における女帝の出現なくして厩戸の登場はなかったといってもいいだろう。

近年、大山誠一氏は、『日本書紀』に描かれた聖徳太子が編纂者による創作の所産であり、それと実在の厩戸皇子とは別個に考えるべきだという「聖徳太子虚構説」を唱え、脚光をあびている。しかし、『日本書紀』の聖徳太子像に多くの粉飾が加えられていることは、大山氏以前に多くの研究者がすでに指摘ずみのことである。大山説にメリットがあるとすれば、それは聖徳太子像を創造した人物の具体名とかれらに共通する動機を明言したことであろう。だが、この点については種々の解釈が可能であって、大山説はなお仮説の域を出ていないといわねばならない。

さらに、大山説の問題点は、実在の人物である厩戸皇子が王位継承資格もなく、内政・外交に関与したこともない、たんなる蘇我氏の血を引く王族にすぎなかった、と見なしていることである。斑鳩宮に住み、壬生部を支配下におく彼が、王位継承資格も政治的発言権もない、マイナーな王族であったとは到底考えがたい。

大山氏のいうように、『日本書紀』の聖徳太子はたしかに架空の人物だったかも知れないが、大山氏の考えとは大きく異なり、やはり厩戸皇子は実在の、しかも有力な王族だったのである。

なぜ、斑鳩をえらんだのか

厩戸皇子は六〇〇年頃に国政に参画するようになり、推古・馬子の政権に加わったわけであるが、それと同時に斑鳩に遷ったのは一体どうしてであろうか。斑鳩宮のような宮殿を営んだのは、彼が国政に参与する有力な皇子となったことに対応するものであるが、そのような宮殿の所在地が飛鳥から北方に位置する斑鳩の地であったのはなぜだったのか、ということである。

すでに述べたように、当時の飛鳥は、推古女帝と蘇我馬子が建立した飛鳥寺によって、新たな大王家の本居地、王権の聖地として熟成するのを待っている段階にあった。その飛鳥にはなくて、斑鳩に備わっていた条件とは一体何だったのであろうか。

考えられるのは、周囲を山に囲まれた「小宇宙」ともいうべき飛鳥とは異なり、斑鳩が大和川を通じて難波《なにわ》に直結しているということであろう。難波は筑紫《つくし》を介して朝鮮半島に、さらに中国大陸に通じていた。後に倭国を訪れた中国、隋《ずい》の使いである裴世清《はいせいせい》の一行が、難波津に上陸した後、大和川を船で遡上し、海石榴市《つばきいち》を経て推古女帝の小墾田宮《おはりだのみや》に達した

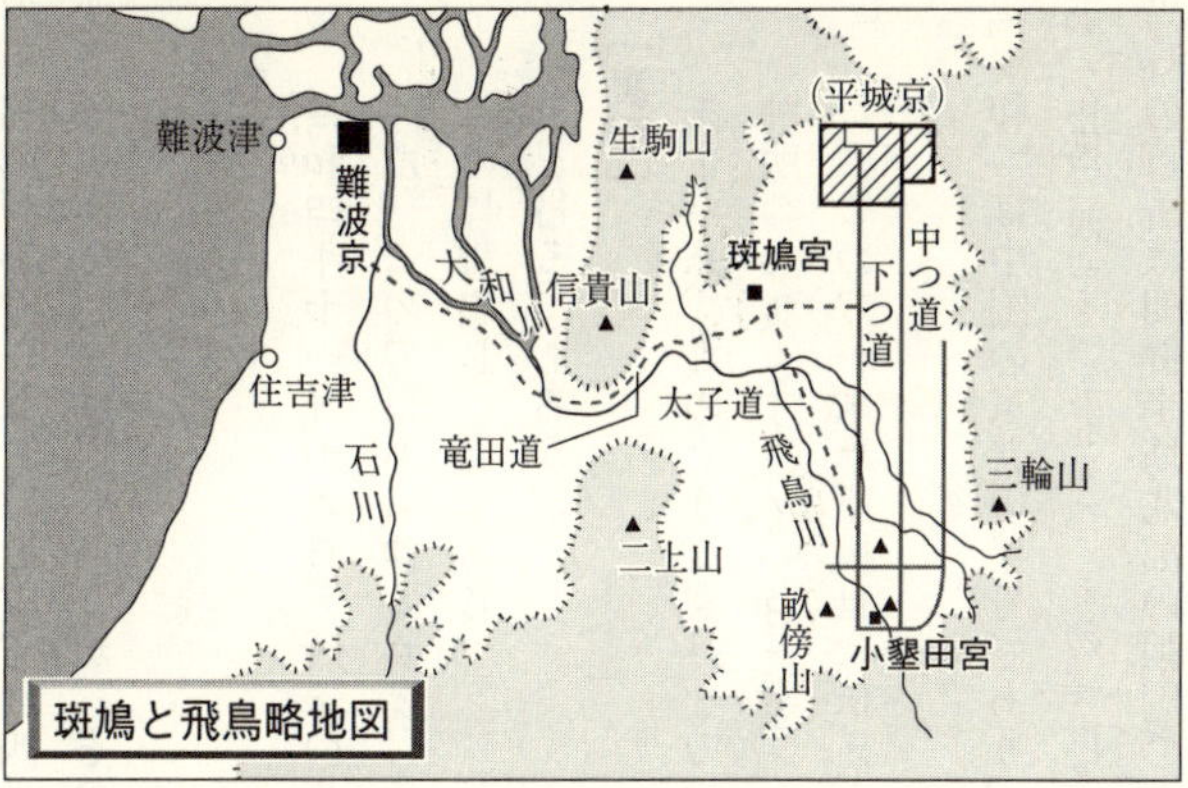

斑鳩と飛鳥略地図

ことを見れば、難波と大和とを結んだ竜田《たつた》越えを抑える位置にある斑鳩が交通の要衝であったことが分かる。

　厩戸皇子が国政への参画とほぼ同時に斑鳩に宮殿を造り、そこに遷り住んだことから考えるならば、国政の中枢に加わった厩戸がとくに任された仕事は外交だったのではないか、と考えられる。有力な王位継承資格者であった彼は、外務担当すなわち「外相」として入閣したということができるだろう。

　このように、将来の大王候補である皇子が国政のなかでもとくに外交を担当するということは、厩戸皇子ひとりの特例ではなかったと思われる。古代の東アジアには、国政を統括する王に代わって、その後継者である有力な王子（皇子）が専ら外交を掌握するというシステムが存在したようなのである。

たとえば、奈良県天理市の石上《いそのかみ》神宮に伝わる七支《しちし》刀《とう》の銘文が参考になる。七支刀は四世紀の半ば頃、朝鮮半島の百済《くだら》から倭国に贈られた大変奇妙な形をした鉄刀であるが、その銘文はつぎのような内容である。

［表面］

泰和《たいわ》四年十一月十六日、丙午《へいご》の日と正陽の時とをえらび、よく鍛えた鉄で七支刀を造った。この刀はあらゆる兵器による害を避けることができ、礼儀正しい侯王が所持するのに相応しい品である。□□□□（判読不能）が造った。（所持者はかならず大きな祥を得るであろう。）

［裏面］

先世以来、このような霊妙な刀は存在しなかった。百済王の世子《せいし》であるそれがしは、神明の加護をうけて今日に至っている。そこで倭王のためにこの刀を精巧に造らせた。この刀が末永く後世に伝えられることを願う。

「泰和」は中国の東晋《とうしん》の年号であり、その四年は三六九年にあたる。「百済王」は近肖古《きんしょうこ》王（在位三四六—三七五年）、その「世子」とは後の近仇首《きんきす》王（在位三七五—三八四年）である。当時の百済は朝鮮半島北部の強国である高句麗《こうくり》の支配から脱しようと格闘中であった。対高句麗戦争に向けて倭国との軍事的連携を強化しようと考えた百済が、いわば両国同盟の証しとして倭国に贈与したものと考えられている。これによれば、百済王権を代表した近肖古王自身に代わり、その後継者である近仇首王が対倭外交の主体となっていることが注目されよう。

同様の事例は倭国にもみとめられる。『日本書紀』継体《けいたい》六年（五一二）十二月条には、大連《おおむらじ》の大伴金村《おおとものかなむら》が百済の要請を容れ、かつて朝鮮半島南部の伽耶《かや》（後述）の一部であった四県（上哆唎《おこしたり》・下哆唎《おろしたり》・娑陀《さだ》・牟婁《むろ》）を割譲してしまった「事件」が描かれている。

大兄皇子《おおえのみこ》は、前に事情があって四県の割譲には関知せず、遅れてそのことを知った。驚き、悔い、何とかこれを改めようとした。大兄皇子は、

「胎中の帝（応神《おうじん》天皇）より我が国の官家《みやけ》として支配してきた国を軽々しく外国の要求にしたがい下げ渡してしまうとは、何たることであるか！」

といった。

「大兄皇子」とは、継体天皇の後継者である勾大兄皇子《まがりのおおえのみこ》（後の安閑《あんかん》天皇）のことである。四県割譲を承認する旨を百済側に宣告してしまった後になって、そのことを知らされ、驚

き、狼狽し、そして憤慨している。これによれば、継体の「世子」ともいうべき勾大兄が、国政のうちでも外交、この場合、朝鮮半島問題に深く関与する立場にあったことが分かる。

つぎの例も次期大王候補が外交を重要な職掌にしていたことを物語っていると思われる。それは『日本書紀』皇極《こうぎょく》四年（六四五）六月戊申《ぼしん》条であり、いわずと知れた蘇我入鹿《そがのいるか》暗殺の場面である。

天皇（皇極）が大極殿《だいごくでん》に出御した。古人大兄皇子《ふるひとのおおえのみこ》はその傍らに侍《はべ》っていた。

この日（六月十二日）、皇極天皇（女帝）の飛鳥板蓋宮《あすかいたぶきのみや》では朝鮮三国（高句麗・百済・新羅）の使者を迎えての儀式が執り行なわれようとしていた。入鹿はまさにその儀式のさなかに殺害されたわけであるが、この儀礼の場に古人大兄皇子がいたことは見逃せないところである。

古人大兄は皇極女帝の夫、亡き舒明《じょめい》天皇の皇子であり、当時おそらく三十歳前後であったと思われる。その彼がこの時、女帝の傍らに侍していたというのは、彼がかつての厩戸皇子のように、女帝皇極を輔佐する立場にあったためであろう。あまりにも断片的な記述ではあるが、古人大兄が朝鮮三国の使者を迎えての外交儀礼の場にあらわれたことが特記されていることからいって、彼の主たる任務が外交面にあったことを想定してよいのではなかろうか。古人大兄が入鹿暗殺の現場に居合わせたことについては、第四章で詳しく述べたい。

以上のように、四世紀の百済王権、また六、七世紀の倭国の王権において、王がその王位継承予定者に主に外交を担当させるという王権の分掌体制があったようであり、厩戸皇子の国政参画もそのような類型のひとつとして考えてよいのではないだろうか。

かつて、厩戸皇子が飛鳥から斑鳩に遷ったのは、蘇我馬子との権力闘争に敗れ、傷つき、事実上の政界引退だったといわれたことがあった。しかし、事実はまったくの逆であって、厩戸の「外相」としての活躍は彼が斑鳩へ遷った頃から本格的に始まったのである。

「外相」厩戸のたたかい

さて、「外相」となった厩戸皇子に、主として課せられた外交上の懸案とは一体何だったのであろうか。それは朝鮮半島問題であって、焦点になったのは、すでに名前だけは登場している伽耶（任那）をめぐる問題であった。

朝鮮半島の南部には、東から辰韓《しんかん》・弁韓《べんかん》・馬韓《ばかん》という三つの種族が存在した。四世紀頃までに、これらのうち辰韓は新羅に、馬韓は百済に、それぞれ部族連合的な状態を脱して統一国家を形成していった。しかし、辰韓と馬韓に挟まれた弁韓だけが、このような国家形成に乗り遅れてしまったのである。この弁韓の地が伽耶とよばれるようになった。

当然のことながら、いまだに小国の寄り集まりであった伽耶は、東からは新羅の、西からは百済の容赦のない侵略にさらされることになる。加えて、対高句麗という点で百済と同盟関係にあった倭国も、百済に便乗する形で伽耶に侵入してきたから、たまらない。ただでさえ統一性を欠く伽耶を構成する諸国は、新羅・百済・倭国という三大勢力の介入に翻弄され、離合集散を繰り返した。

伽耶諸国のなかでも有力だったのが洛東江下流にあった金官国《きんかんこく》、それに上流にあった大伽耶国（高霊国《こうれいこく》）であった。金官国は任那国ともよばれた。つまり、新羅と百済に挟まれた地域は任那ではなく、伽耶とよぶべきなのである。後に倭国が長きにわたって執着したのは、伽耶のなかでも実にこの金官国こと任那国であった。

五六二年、ついに伽耶が完全に新羅によって併合されてしまうと、倭国はまず、金官国にあった倭国の権益確保を新羅に強くもとめた。倭国が金官国にあったと主張する自国権益が「任那の調《みつき》」とよばれるものであり、以後、新羅はこれを倭国に献上することを義務づけられたのである。新羅としては、倭国に伽耶領有を諒承してもらい、その干渉を排除できるならば、「任那の調」は安い代償だったのであろう。

しかし、それでも新羅とすれば「任那の調」を倭国に出さずに越したことはない。新羅が「任那の調」の献上を怠りがちになると、倭国は強硬手段に訴えた。たとえば、敏達天皇の時代には、倭国は百済に働きかけ、伽耶自体の奪回・回復をはかろうとした。だが、百済が倭国の思惑どおりに動かないことを思い知らされると、こんどは、新羅に軍事的な威圧を加え、それによって目的を達しようとしたのである。

それは崇峻《すしゅん》天皇の時代に断行された。『日本書紀』崇峻四年（五九一）十一月壬午《じんご》条につぎのように見えるのがそれである。

紀男麻呂宿禰《きのおまろのすくね》・巨勢猿臣《こせのさるのおみ》・大伴囓《おおとものくいの》連《むらじ》・葛城烏奈良臣《かずらきのおならのおみ》を遣わして大将軍に任命した。臣《おみ》連《むらじ》の諸氏を副将・

部隊長として、二万余の兵を率いて筑紫《つくし》に進駐させた。

実際に軍隊が渡海して新羅に攻め入るのではなく、「二万余」という大軍を筑紫に集結し、あくまでも新羅に威圧を加えて倭国側の要求を呑ませようという作戦であった。崇峻天皇の暗殺は「二万余」の大軍が筑紫に進駐しているさなかに決行されたが、筑紫への進駐が実行される前には、新羅に実際に兵を出すべきか、または筑紫への進駐に止めるかをめぐって、倭国政権内部で意見の対立や衝突があったのではないかと思われる。崇峻暗殺の背景として、このような問題をめぐる崇峻と馬子らとの確執が考えられるであろう。

その後、推古女帝のもとで、蘇我氏同族である境部臣《さかいべのおみ》(名前は不詳)、物部氏の同族というべき穂積臣《ほずみのおみ》(同上)を将軍として、新羅に対する直接攻撃が行なわれたという。推古八年、西暦六〇〇年のことである。これが一体だれの意向によるものなのか、不明とせざるをえないが、厩戸皇子が「外務大臣」として国政に参画するようになったのは、ちょうどこの頃であった。

「外相」厩戸皇子の意志と決定によるものと明らかに考えられるのは、六〇二年二月の撃新羅将軍の任命であろう。将軍に任命され、二万五千の大軍を率いることになったのは、厩戸の同母弟、来目皇子《くめのみこ》であった。王族が将軍に起用されるというのは、のこされたたしかな史料による限り、これが史上初めてのことであった。そのような画期的な人事を思いついたのは、将軍にえらばれた来目皇子の同母兄であるばかりでなく、この時期、政権に加わって間もない厩戸皇子であったと見なすのが妥当であろう。

この王族将軍の筑紫進駐であれば、実際に新羅に出兵し彼我《ひが》に甚大な損害をもたらす愚を避けることができる。また、従来行なわれていた、一般の豪族を将軍に起用した筑紫進駐よりも、新羅にあたえるインパクトははるかに強烈であろう。

来目皇子は大軍を擁し筑紫に進駐したが、新羅から明確な回答がもたらされる前に、彼は筑紫の陣中で亡くなった。これは、過剰な想像かも知れないが、あるいは、来目皇子の死去が新羅の無言の返答だったのではなかろうか。つまり、来目は新羅の刺客《しかく》の手で暗殺された可能性もあるのではないか、ということである。

そのように考えるのは、来目の後任の将軍として彼の異母兄、当摩《たいまの》皇子《みこ》が選任されているからである。厩戸皇子は、来目皇子を失なった今、ここで筑紫への進駐を見合わせたり、または後任の将軍を従来どおり一般豪族から任命したりしたならば、新羅に対する大幅な譲歩となり、それでは新羅側の思う壺と考えたのではあるまいか。そのように考えるならば、来目の死はたんなる病死とは思われない。

来目に代わった当摩皇子も、同行した妻の舎人姫王《とねりのひめみこ》が播磨《はりま》の赤石《あかし》で亡くなったため、将軍職を返上してしまい、結局使命を果たさなかった。こうして、「外相」厩戸皇子が打ち出した対新羅外交の新方針は、事実上失敗に終わった。現代ならば、これで大臣更迭となりかねない。

厩戸皇子が懸案の「任那の調」を確保するには、新羅に対し実際に武力に訴えるのではなく、または王族や一般の豪族を将軍に任命し、筑紫に集結した兵力で新羅に威圧を加えるのでもない、まったく新たな方策を見いださねばならないことになったのである。

「日出処天子」とは何か――その達成と限界と

厩戸皇子が生まれたのは五七四年であった。彼が八歳の時、中国では北朝の周を乗っ取って隋《ずい》が誕生、ついで厩戸が参戦した丁未《ていび》の役《えき》の二年後、五八九年には隋が南朝の陳を滅ぼして、久々に中国の統一を実現していたのである。

対新羅外交で一度は大きく躓《つまず》いた厩戸皇子が、新たに打ち出した外交政策が遣隋使であった。彼は新羅や百済に直接働きかけるこれまでの外交方針を転換し、超大国である隋と直接交渉することによって朝鮮半島との外交上の問題を一挙に解決しようとしたのである。

『隋書』倭国伝によれば、最初の遣隋使は六〇〇年のこととされている。ただ、これはどうしたわけか、『日本書紀』には記されていない。

開皇《かいこう》二十年（六〇〇）、倭王の姓は阿毎《あめ》で字《あざな》は多利思比孤《たりしひこ》、阿輩雞弥《おおきみ》を号する者が使いを遣わして隋都（長安）に至った。文帝は役人に命じ、その風俗を尋ねさせた。使者がいうには、

「倭王は天を兄とし、日を弟としております。天がまだ明けない時、出御して政務の報告を聞き、胡座《あぐら》をかいてすわり、日が上れば、そこで政務を執ることをやめ、『後のことは弟に任せよう』といいます」とのことであった。文帝は、

「まったく道理に合わない話だ」

といい、使者にそれらを改めるよう教え諭した。

『日本書紀』に見える最初の遣隋使は六〇七年、有名な小野妹子《おののいもこ》を大使とするものであったが、これについては『隋書』倭国伝につぎのように見える。

大業《たいぎょう》三年（六〇七）、その王、多利思比孤が使者を遣わして朝貢してきた。使者は、

「海西の菩薩天子《ぼさつてんし》である陛下がさかんに仏法を興していらっしゃると承っておりま

す。そこで、使いの者を遣わしてお目どおりを願い、合わせて沙門《しゃもん》数十人が中国にて仏法を学ぶことをお許しいただきたいのです」

といった。その国書には

「日出処《ひいずるところ》の天子が、書を日没処《ひぼつするところ》の天子に送ります。お変わりはございませんでしょうか……」

との文言があった。煬帝《ようだい》はこれを見てたちまち不快になり、鴻臚卿《こうろけい》(外務大臣)に、

「蛮夷の文書でこのように無礼なものがあれば、今後は取り次がなくともよい」

と命じた。

隋の二代皇帝、煬帝《ようだい》が、倭王の国書(外交文書)を見て不快になったという話は有名である。倭国からの外交文書のなかで煬帝が不快に感じた箇所は、倭王の自称として見える「日出処の天子」のうち、中国を「日没処」とするのに対する「日出処」の部分ではなく、「天子」の称号であったと考えられる。

「日出処」というのは、あくまでも中国を中心(基軸)にして見て東方にある倭国の呼び名である。他方「日没処」とは純粋に西方を意味する語であり、仏教の世界観では、西方は極楽浄土の在りかとして人びとの憧憬を集めていた。「日没処」には、殊更に隋を貶《おとし》め

たり、挑発したりする意図はなかったと見られる。重要なのは、倭国が自国をあらわすのに、中国人の発明した慣用句「日出処」をそのまま用いていることで、この段階の倭国は、なお中国を中心とする世界観のなかに生きていたといえよう。

つぎに「天子」であるが、「天子」とは皇帝の別名であり、天命（天帝の指名・命令）を受けて全世界を支配する唯一絶対の君主のことであるから、これが「日出処の天子」「日没処の天子」というように、東西相並んで存在するのはどう考えてもおかしい。ただ、厩戸皇子はこの「天子」の語を中国とは違った意味で用いたようである。

六〇〇年の遣隋使は、中国側に「倭王の姓は阿毎で字は多利思比孤」と誤解されるような報告を行なったらしいが、「阿毎」は中国人が考えたような倭王の姓ではなく、「多利思比孤」も倭王の字（通称）などではなかった。「阿毎多利思比孤」と一続きで、それは倭王の地位をあらわす尊称だったのである。

それは、「天垂らし彦」（天降られた高貴な男性）または「天足りし彦」（天上の世界で充足されている高貴な男性）なのであって、天は中国の天とは大きく異なり、倭国独特の天（それは天上にある神々の世界であった）とそれを主宰する最高神を意味した。倭王はそのような天上の世界を主宰する神の子孫であるからこそ、日本列島を支配する資格と正当性がある、という思想も当時すでに生み出されていた。厩戸が隋への国書のなかで用いた「天子」とは、中国とは違って「天垂らし彦」「天足りし彦」の漢語訳だったのではないか、と考えられる。

このように、中国での用法とは意味が異なるとはいえ、厩戸皇子が外交文書のなかで中国の皇帝と同じ「天子」の称を用いたのは、朝鮮半島に対する倭国の立場を鮮明にし、それを隋の皇帝にみとめてもらうためであった。倭国は隋から見れば東夷の一国にすぎないとはいえ、朝鮮三国、少なくとも百済や新羅の上位にあるのであって、朝鮮半島に対する関係という一点においてのみ隋と倭国とは同格・同質なのだ、ということを隋に認知してもらおうとしたのである。隋の皇帝からその承認と後押しを引き出すことができれば、これまでのように直接武力に訴えることなく、新羅に「任那《みまな》の調《みつき》」を差し出させることができるであろう。

この遣隋使外交の効果は、小野妹子が二度目の使いから帰国した翌年に早くもあらわれることになった。六一〇年、六一一年と二年連続で新羅が倭国に使者を派遣してきたのがそれである。新羅は自国の使節だけでなく、かつて新羅が滅ぼした任那（伽耶《かや》諸国）の使いまで同行していた。

その後、隋は高句麗との戦争などで急速に力を失ない、六一八年に呆気なく滅び、唐がそれに取って代わる。その四年後に厩戸皇子は四十九年の生涯を斑鳩宮で終えることになる。そして厩戸死去の翌年、倭国では十数年ぶりに新羅への出兵が断行された。「外相」厩戸皇子が生きていれば、このような時期に、このような形で出兵に踏み切ったであろうか。ただ、間違いなくいえるのは、倭国が百済・新羅の上位にあることを保証してくれる隋が消滅した以上、倭国は再び、自力で新羅に「任那の調」を強要しなければならなかったということである。

推古朝に天皇号はあったか？

かつて、天皇号は推古女帝の時代（推古朝）に成立したと考えられていた。それは、この時代が中国の隋王朝に対して対等の立場を主張する積極果敢な外交を展開した時期であったことに加え、法隆寺金堂にある薬師如来像光背銘《やくしにょらいぞうこうはいめい》や中宮寺の天寿国繡帳銘《てんじゅこくしゅうちょうめい》など、推古朝に作られた仏像の銘文に天皇の文字が使用されていることが史料的な根拠とされた。

しかし、推古朝の作といわれた仏像の銘文が当時のものとは考えられないとする研究があらわれ、推古朝成立説はにわかにその足場を失ない、大幅な後退を余儀なくされた。代わって有力な学説となったのが天武《てんむ》朝成立説や天武・持統《じとう》朝成立説である。詳しくは後述するように、これらは主として、唐の第三代皇帝の高宗《こうそう》が六七四年（天武三年にあたる）に皇帝に代えて天皇の称号を用い始めたことに着目し、我が国で天皇号が採用されたのはその影響によるとして、七世紀後半に天皇号が成立したとするものであった。

だが、近年、義江明子氏は天寿国繡帳の銘文に見える系譜に精緻な分析を加え、それを推古朝当時のものと見なしてもよいと述べた（「天寿国繡帳銘系譜の一考察」『日本史研究』三二五号、一九八九年）。これにより、推古朝成立説に復活の兆しがあらわれたのである。

天寿国繡帳とは、二枚の大きな帳《とばり》に天寿国という異界のようすを刺繡によって描いたもので、今はその断片しかのこっていない。六二二年二月に亡くなった厩戸皇子の妻の一人、橘大郎女《たちばなのおおいらつめ》（推古のむすこ、尾張皇子《おわりのみこ》のむすめ）が、天寿国に生まれ変わった夫の姿を是非とも見たいということで、彼女の祖母にあたる推古女帝に懇願して作ってもらったといわれている。この繡帳作成の由来を記した四百字も帳に縫い付けられていたとされ、その全文が平安時代の『上宮聖徳法王帝説《じょうぐうしょうとくほうおうていせつ》』などに引用され今日に伝わっている。

義江氏は、天寿国繡帳銘文の前半に見える系譜（厩戸・橘大郎女夫妻の祖先系譜）を詳細に検討し、系譜の様式や構造などからいって、これが後世の造作とは考えられず、推古朝後半に書かれたものと考えてよいとの結論を導き出した。天寿国繡帳には天皇の文字が四箇所もあらわれるから、これが推古朝当時のものであるとすれば、たしかに推古女帝の時代の後半には天皇の称号が成立し、それが使用されていたことになる。こうして、天皇号の推古朝成立説が再び脚光を浴びることになった。

しかし、義江氏がそのような結論に達したのは、銘文の、それも系譜だけを近視眼的に観察した結果であって、銘文が繡帳に最初から縫い付けられていたのかどうか、とくに天寿国繡帳が実際どのように用いられたのかについて、まったくといってよいほど顧慮していないという問題点がある。天寿国繡帳は、それを欲した橘大郎女によって、その日常生活において用いられ、亡き夫を偲ぶよすがにされたはずである。したがって、夫妻の祖先系譜を記した銘文前半も、また厩戸の死後、繡帳を作ることになった経緯を記す後半部分も、当の彼女にとっては必要のないものだったと見なすのが妥当だろう。

天寿国繡帳の銘文は、繡帳自体の用途から考える限り、繡帳の持ち主であり使用者であった橘大郎女が亡くなって、それが彼女の遺品として後世に伝えられていくことになった時初めて、書かれ、そして繡帳に縫い付けられたものと考えることができる。橘大郎女の没年が分からないので、結局、今のところ、銘文の成立時期は不詳といわざるをえない。

だが、はっきりといえることは、義江氏のすぐれた分析にも拘わらず、現段階では繡帳銘文を推古朝後半の成立と断定することはできないのであり、勢いを盛り返しつつある推古朝成立説は、その根拠に重大な疑点がのこされているということである。

天皇号の成立は、このような断片的な記述を詮索するだけでは解明できないと思われる。むしろ、天皇号を生み出しうるような世界観がその当時の倭国にあったかどうかを問題とすべきではないだろうか。それは、倭国の統治者（治天下大王）を中国の皇帝のように一定の世界の中軸に位置すると見なす認識、独自の世界観であって、それが誕生した時初めて、天皇号は成立したと考えることができよう。

当時の倭国はみずからを「日出処」、すなわち中国という中軸から見た東方と位置づけており、中国を中心とした世界観からまだ脱却していなかった。独自の世界観をほとんどもち合わせていない推古朝の段階で天皇号が成立していたと考えることはできない。倭国が天皇号を生み出しうるような世界観を獲得するには、なお半世紀ほどの歳月が必要だったのである。

斑鳩の都市プラン——飛鳥開発の「先取り」

斑鳩宮の造営は六〇一年二月に始まり、六〇五年の十月には完成したと見られる。後述するように、厩戸皇子とその近親者のみならず、一族全体がここ斑鳩に遷り住んだようである。

この斑鳩宮の本格的な発掘が初めて行なわれたのは戦前のことで、斑鳩宮跡と伝えられてきた夢殿を中心とする法隆寺東院の地下遺構を発掘したところ、北から西へ一一度の振れがある、斑鳩地方の古地割りと同じ方位をもつ大小八棟の掘立柱建物跡や井戸跡が検出された。屋外の大部分には六、七センチほどの砂利敷層がみとめられ、建物と同時期の大小の溝、それから、これが重要な決め手になるのであるが、焼けた壁土、灰、瓦や土器片などが発見されたのである。焼けた壁土が見つかったことは、六四三年に斑鳩宮が蘇我入《そがのいる》鹿《か》らの襲撃を受けて焼亡したことに符合する。これが斑鳩宮の跡であることは、ほぼ間違いないとされた。

その後、最近になって、宮の南限・東限・西限を画する溝が発見され、斑鳩宮の規模は方二町におよぶことが判明した。とくに、南を区切る大溝は東面の大垣を越え、現在の中宮寺境内におよんでいるので、長さは少なくとも七〇メートルを測ることになる。ＳＤ一三〇〇が宮の南限にあたり、ＳＤ六一九一が宮の西限であることがほぼ明らかになった。

その結果、戦前に確認された数棟の掘立柱建物は、斑鳩宮の中心部分ではなく、宮殿の東南の隅にあたることが分かったのである。斑鳩宮の中枢部は現在の福園院の北にあったものと考えられている。さらに、法隆寺東院の北方、浄念寺地区からも掘立柱建物が数棟、確認され、宮の範囲が北にも一町以上拡がる可能性が指摘されている。

厩戸皇子は、斑鳩宮の着工に続いて、その西隣りに寺院の造営も開始した。これが斑鳩寺である。斑鳩宮と斑鳩寺の造営は、ほぼ同時期に行なわれたと見られる。この斑鳩寺は六七〇年四月、天智《てんじ》天皇の時代に焼失し、現在の西院伽藍は、その後、建立されたものである。厩戸が建立した斑鳩寺の跡がいわゆる若草伽藍《わかくさがらん》であり、これは、中門・塔・金堂が一直線に並ぶ四天王寺式《してんのうじしき》の伽藍配置であった。伽藍の東限は大宝蔵院の東の築地付近と考えられ、若草伽藍が焼けた跡に現在の西院伽藍が建てられたことを示す西北端の川の埋め立て工事跡や、伽藍西側を画する柵列跡の存在などから、推定される伽藍の東西幅はおよそ一五六メートルとなる。

斑鳩には、この斑鳩宮と斑鳩寺を中心にして、その周辺にいくつかの宮殿や寺が存在していた。

斑鳩宮の東南、斑鳩町法隆寺にある上宮《かみや》遺跡は飽波葦垣宮《あくなみのあしがきのみや》の跡と考えられる。同宮は厩戸皇子の終焉の地と伝えられており、厩戸の妃のひとり、膳菩《かしわでのほ》岐岐《きき》美郎女《みのいらつめ》（膳傾子《かしわでのかたぶこ》のむすめ）とその子女が住んでいたらしい。

現在の中宮寺は法隆寺の東院に隣接しているが、かつては現在地より東方約四〇〇メートルの位置にあった。この旧中宮寺はかつて宮殿であったと思われ、ここには厩戸の母、穴穂部間人皇女《あなほべのはしひとのひめみこ》が居住していたとの伝えがある。現在の法起寺《ほうきじ》も、かつては宮殿（岡本宮）だったと考えられ、厩戸の妃で山背大兄王《やましろのおおえのみこ》の母である蘇我刀自古郎女《そがのとじこのいらつめ》（馬子のむすめ）の居所だったのではないかといわれている。

このように、飛鳥には本格的な宮殿を営んだ痕跡がない厩戸皇子が、斑鳩の地であえ

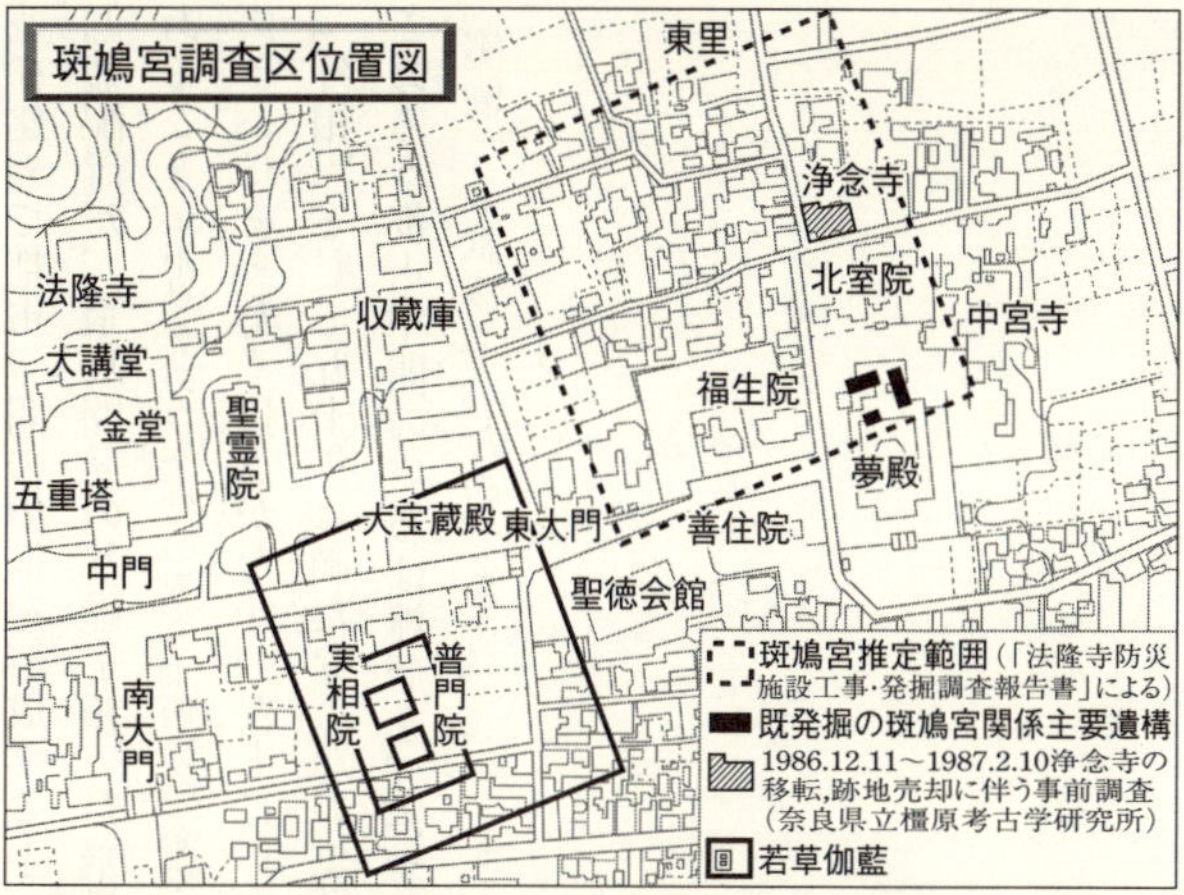

『戦乱の日本史［合戦と人物］1』（第一法規出版、1988）より

て、宮殿と寺院をいわばセットで造営したことは重要である。すでに述べたように、当時の飛鳥には推古女帝と蘇我馬子の手で飛鳥寺が建立され、飛鳥寺という宗教施設の存在によって、飛鳥という土地が王権の聖地として熟成していくのをじっくりと待っている段階であった。その飛鳥寺の南方に後に大王宮が営まれるよりも以前に、厩戸が斑鳩において宮殿と寺院とが東西に並ぶというプランを実行に移したということは、飛鳥における都市プランの「先取り」的な実施であったといえるのではないだろうか。

　もちろん、飛鳥の場合、後に実現するのは北に寺院、南に宮殿というプランであって斑鳩の場合とは違うが、宮殿と寺院とが並び建って都市空間の中枢を形成するという点では共通するものがある。また、斑鳩寺の伽藍配置が、飛鳥開発の基礎を拓いた飛鳥寺の伽藍配置を省略あるいは簡略化したものであること（飛鳥寺の三金堂のうち東西の二金堂を取り外せば斑鳩寺の伽藍配置となる）を思えば、両プランにまったく接点がなかったとはいえない。

「外相」として五十年に満たない短い生涯を駆け抜けた厩戸皇子は、後に飛鳥で開花するであろう都市空間のいわば雛形を、みずからの本居地で現実のものとして見せるという「実験」も試みていたのである。

飛鳥を離れ、舒明が造営した百済大寺の跡と見られる吉備池廃寺。　写真提供・共同通信社

推古の遺詔——真の後継者は誰か

厩戸皇子《うまやとのみこ》が世を去ってから四年後、六二六年の五月に大臣《おおまえつきみ》蘇我馬子《そがのうまこ》が亡くなった。享年、七十六。

それから二年後の三月、推古女帝が永眠する。七十五歳であった。敏達《びだつ》天皇の大后になってから五十二年、初の女性大王として即位してからは三十六年という長きにわたって権力の中枢に座り続けたことになる。彼女の死去によって、一つの時代に幕が下ろされたことは間違いない。また、推古や馬子の課題であった飛鳥の開発も、新しい段階に入ったといっていいだろう。

推古は亡くなる前日、二人の皇子を病床によび寄せた。ひとりは田村皇子《たむらのみこ》、今ひとりは山背大兄王《やましろのおおえのおおきみ》であった。

田村皇子は、推古の夫だった敏達の孫であり、押坂彦人大兄皇子《おしさかのひこひとのおおえのみこ》のむすこであった。押坂彦人大兄はかつて有力な王位継承資格者のひとりであったが、ついに即位の日を迎えることなく亡くなった。

山背大兄王は、「外相」厩戸皇子の長子であり、若年にも拘わらず厩戸の後継者ということでその名望は高かった。

推古はまず、田村皇子をよんだ。場所は小墾田宮《おはりだのみや》のなかにある大殿である。

「王位を継承し、王家による支配の基礎を固め、政治の万端に目を配り民の暮らしを安んずることは、簡単に口にすることなどできないものです。絶えずこれを重い任務・使命として意識しなければなりません。だから、そなたは慎重にことを見極めるように。このことを軽々しく口にしてはなりません」

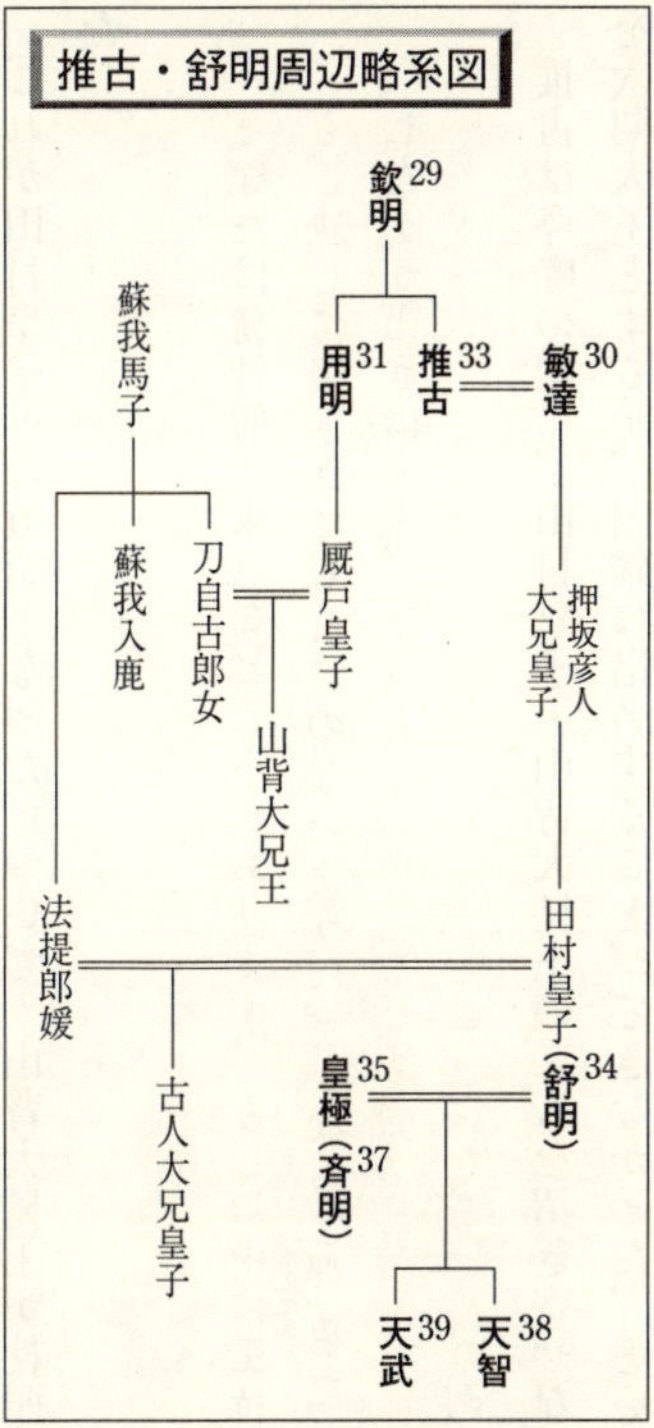

これが田村皇子への遺詔となった。ついで、山背大兄王が枕頭によばれる。推古はいった。

そなたは精神的に未熟なところがあります。もし心中に王位を望む心があったとしても、決して騒ぎ立てることのないように。かならず群臣《まえつきみ》たちの意見を聞き、それにしたがうように……。

推古は今際《いまわ》の際《きわ》に、田村皇子・山背大兄王の二人を招き寄せながら、二人のうちどちらを次期大王とするか、明確に指名することができなかった、といわれることが多い。当時の大王はつぎの大王を誰にするかを決定する権限すらもっていなかったというのである。しかし、これは疑問といわざるをえない。なぜならば、推古の葬礼が終了した後、蘇我馬子の跡を継いで大臣（すでに述べたように、有力な豪族の代表である群臣たちを統括する地位である）となっていたむすこの蝦夷《えみし》が、自邸（飛鳥川の西岸、甘檮岡《あまかしのおか》北麓の豊浦《とゆら》にあった）に群臣たちを集め、次期大王についてかれらの意向を尋ねたのだが、その時に、大伴《おおともの》連《むらじ》鯨《くじら》という群臣がつぎのように述べているからである（以下の引用は『日本書紀』舒明《じょめい》天皇即位前紀に見えるもの）。

天皇（推古）の遺詔にしたがうまでのこと。今更、われら群臣の意を問う必要はあるまい。

この場の司会役だった阿倍臣《あへのおみ》麻呂《まろ》が、今少し具体的に述べて欲しいとうながすと、鯨は、

天皇がどのように考えられたのかは知らぬが、田村皇子に「天下統治は大任である。気を緩めてはならぬ」と仰せられたというのであれば、次期大王はすでに決まったも同然だろう。誰が異論を差し挟むことなどできようか。

と話したという。これに対し、采女臣《うねめのおみ》摩礼志《まれし》・高向臣《たかむくのおみ》宇摩《うま》・中臣連《なかとみのむらじ》弥気《みけ》（鎌足《かまたり》の父である）・難波吉士《きし》身刺《むさし》ら四人の群臣は、

大伴連の意見に何ら異論はない。

と述べたというのである。

これによれば、当時、次期大王の決定に関しては前大王（この場合、推古）の意志は絶対的であり、群臣らがそれを批判したり覆したりするといったことは基本的にはありえなかった、と考えられる。そして、大伴鯨が明言しているように、推古の意向は田村皇子の即位にあったのであり、群臣たちがそのように受け取っていたことは明らかだろう。

田村皇子と山背大兄王は、欽明《きんめい》天皇の孫である押坂彦人大兄皇子・厩戸皇子を父にもっていたから、同世代ということになる。しかし、田村皇子のほうが山背大兄王より若干年長だったようである（山背大兄の母は蘇我馬子のむすめ＝刀自古郎女《とじこのいらつめ》だが、田村皇子は馬子のむすめ＝法提郎媛《ほほてのいらつめ》を妻にしていた）。

先に述べたように、当時は大王を選出するのに世代・年齢という条件が重視されていた。推古は王位継承順位、すなわち田村皇子が第一位、山背大兄王が第二位という形で、次期大王について明確な意志を述べていたといえる。推古が最初に田村皇子、ついで山背大兄というように、かれらを枕元によんだ順番も考慮に入れる必要があろう。

災いとなった「外相」厩戸の名声

このように、前大王が次期大王を指名・決定するということは、かねてから行なわれていたことではなかった。のこされている史料による限り、それはこの推古女帝の時を最初とすると見られる。これは、敏達の大后、ついで前大后、そして初の女性大王として、およそ半世紀にわたって権力の中枢にあり続けた彼女だったからこそ成し得たことだったのである。

推古は、女帝としての統治の経験と実績に物をいわせ、これまで男性の大王でもできなかった次期大王の指名・決定を行なったといえよう。これにより、前大王と新大王が交替するさいに必然的に生ずる権力者の不在、権力の空白という政治的に見て危険極まりない時間を短縮、または解消することに向けて、大きな前進が見られたことになる。この点、女帝統治の実績と達成として大いに評価する必要がある。女帝がこのような実績をのこせたことから見て、女帝を「中継ぎ」とする理解は疑問といわざるをえない。

しかし、今回は史上初の試みだったことが裏目に出たといえようか、残念ながら、推古が生前危惧していた事態が出来したのである。それが山背大兄王と彼を支持する群臣たちであった。この山背大兄派の群臣は、かつて厩戸皇子に恩顧を蒙った人びとだったらしい。

山背大兄は、彼が聞いた推古の遺詔によれば、次期大王は田村皇子ではなく自分だと強硬に主張し、それを支持する群臣も当初は三名ほどいた。彼はいう。

漏れ聞いたところによれば、叔父上たち群臣どもは田村皇子を次期大王に擁立しようとお考えのようですが、吾はそのことを聞き、立って考えても、座って考えても、どうしてそういうことになるのか、まったく理解できません。どうかお願いです、詳しく叔父上のお考えをお聞かせください。

山背大兄の母（刀自古郎女《とじこのいらつめ》）は蝦夷の姉妹であったから、蝦夷と山背大兄は叔父・甥の間柄である。山背大兄は蝦夷が遣わした群臣らを前にして、つぎのように述べた。彼が女帝の遺詔を聞いた日のようすを克明に語って聞かせた後のことである。

吾は（推古の）有り難い遺詔を承り、恐縮するとともに、悲しみの情すら込み上げてきた。走り出したいほど嬉しく、どうしてよいか分からないほどだった。吾は考えた、国家や社会を治めていくことは大変な任務であり、まだ若く未熟な吾にどうしてそれを担うことができるだろうか、……と。この時、叔父上や群臣どもに女帝の思し召しを話して聞かせたいと思ったのだが、今はそれを口にする時期ではないと考え、今日まで明かさなかったのだ。……前大王は吾に即位するよう、はっきりと仰せられた。その証拠は明白だろう、何ら疑点はないと思う。吾は天下を私物化しようと企んでいるわけではなく、自分が聞いたことを正確に伝えたいと思っているだけなのだ。

今回の推古の決定は史上初の試みであって、山背大兄はそのような慣行がなお十分に確立していない隙に乗じ、みずからの即位を実現しようとはかったわけである。そのさいに彼が頼みとしたのは、「外相」だった亡父厩戸皇子の名声と人望、彼が築き上げた巨大な人脈と派閥、さらに生母の実家、蘇我氏の絶大な実力と権勢であった。

山背大兄は、彼を取り巻くあらゆる人間関係に大きく依存し、それに甘え、叔父である蝦夷を中心とした群臣に干渉を行なったのである。亡き厩戸の名声と人脈が災いとなった事態といわざるをえない。

山背大兄がこのような動きに出ることは推古や蝦夷もかねてより危惧していたようである。山背大兄がかつて蝦夷の病気を見舞いに訪れたおり、推古は八口采女鮪女《やぐちのうねめしびめ》を遣わし、豊浦寺《とゆらでら》で休息中の彼につぎのようなメッセージを伝えたという。

そなたの叔父上の大臣《おおまえつきみ》は、口を開けばそなたの将来を心配して、いつもいつも、「百年の後にはあの御方が王位をお継ぎになるのですから、どうか言動を慎しみ、御自分を大切にしてもらいたいものです」と申しておるのですよ。そのこと、肝に銘じるように。

「百年の後」とは、正確に百年ということではなく、「遠い将来において」といった意である。これによれば、蝦夷も遠い将来における山背大兄の王位継承を想定し、それに期待も寄せていたことが分かる。ただ、蝦夷とすれば、推古の遺詔にしたがい、あくまでも王位継承順位第一位の田村皇子の即位を実現しなければならない、と考えていたのである。

大臣蝦夷の独断専行？

このように考えてくると、蝦夷が群臣のひとり、阿倍麻呂と協議して自邸に群臣たちを召集したことの真意が明らかになる。これについては『日本書紀』につぎのように見える。

（推古の）葬礼が滞りなく終わった。この時、蘇我蝦夷は大臣であったが、独断で次期大王を決定しようと考えた。しかし、群臣たちがそれにしたがわないことを危惧し、阿倍臣麻呂と協議して、群臣たちを召集、大臣の邸宅で饗宴をもよおすことにした。

「独断で次期大王を決定しようと考えた」というのは、それを文面どおりに解するならば、文字どおり蝦夷が独断で推古後継を決定しようとしたとの意味になる。従来はそのように考えられてきた。しかし、山背大兄の説得に努める蝦夷が、つぎのように述べていることが注意されよう。

磯城嶋宮《しきしまのみや》で天下を統治された天皇（欽明）の御代より近年に至るまで、群臣たちはみな賢明でありました。それがしは愚か者なのに、たまたま人が乏しいために間違って群臣の上位にいるにすぎません。そのようなわけで、大事を決することができない有り様なのです。しかし、ことは重大ですから、伝言で申し上げるべきではありません。この老いぼれ、たとえ難儀であろうとも、お目にかかって申し上げねばなりますまい。ただただ、遺詔の真意を誤ってはならぬ、と考えております。決して私意などありません。

また、つぎのようにもいっている。

それがしども群臣が、どうして恣意的に次期大王を決めるようなことがあるでしょうか。それがしは、ただただ天皇の遺詔を奉じ、群臣たちに披露したまでです。群臣どもが申しますには、「遺詔がそのとおりであったならば、田村皇子の即位が妥当であろう。今更、誰が異論を唱えようか」とのことでした。これは群臣たちの意見です。断じて、それがしの恣意などではありません。ただ、それがしにも思うところがありますが、畏れ多いので、それを伝言することは差し控えたいのです。いずれ、お目にかかったおりに直接申し上げたいと思います。

要するに、蝦夷は推古の遺詔を忠実に実行することが自分の使命なのだ、と繰り返し述べているのである。恣意や独断は極力排することをみずからに厳しく課していることを強調している。それは、大臣という地位に付随する使命であり、課題なのであろう。したがって、「独断で次期大王を決定しようと考えた」というのは、文面どおり、蝦夷が恣意的に新大王を決めようとしたという意味ではありえない。

次期大王の指名に関しては前大王の遺志が決定的なのであって、蝦夷を筆頭とする群臣たちはそれに同意と承認をあたえる程度の権限しかもっていない。だから、群臣を統括する大臣の蝦夷としては、いちいち個々の群臣たちの意向を確認するまでもなく、前大王の遺志をそのまま実行に移してもよいのである。それが「独断で次期大王を決定しようと考えた」ということの真意であろう。

だが、初めての試みである今回は、山背大兄とその一派の動きを見る限り、どうも予定どおりには事が運ばないようであった。蝦夷が「群臣たちがそれにしたがわないことを危惧し」たというのは、この点に関わるのであろう。そこで蝦夷は、群臣たちの意志を調整し、それを一本化するため、自邸にかれらを召集することにしたというわけである。

なお、蝦夷が伝言を避けて、山背大兄に直接話したいといっている「思うところ」というのは、彼が日頃から推古らに語っていたこと（遠い将来における山背大兄の即位）からすれば、おそらく、田村皇子のつぎの大王は山背大兄なのだから、慎重の上にも慎重にふるまってもらいたい、といった叔父から甥への親身な助言・忠告だったのではないかと思われる。

蝦夷は、後にむすこ入鹿とともに逆賊として討たれたこと（乙巳《いっし》の変）から、「赤面の敵役」というイメージが定着している。しかし、『日本書紀』の叙述を正確にたどるならば、それとはまったく異なる、公的には自身の立場に忠実で、その使命を貫き通す信念をもち、他方、プライベートでは甥の将来にも細々と心を砕く人間像が浮かび上がってくる。

推古・馬子の遺志を継ぐ

その後、蝦夷は山背大兄に対して実に粘り強く説得を続け、結局、群臣らの意向を前大王推古の遺志どおりに一本化することに成功し、翌六二九年正月に田村皇子の即位を実現した。舒明《じょめい》天皇の誕生である。

舒明の即位は、推古女帝と、蘇我馬子の後継者である蝦夷という二人の力によって実現したといわねばならない。その点から見て、舒明は大王としては推古の後継者であり、推古と、蝦夷の父、馬子が描いた構想や路線を引き継ぐ存在だったことになろう。

それは、即位の翌年、六三〇年に現実のものとなってあらわれる。

この年十月、彼は、飛鳥寺の南に拡がる空間に新たに構築された宮殿に遷ったのである。この新宮は飛鳥岡本宮《あすかおかもとのみや》と命名されることになる。

飛鳥の地は、推古女帝と蘇我馬子の手で建立された飛鳥寺の存在によって、この頃までには大王家の本居地、王権の聖地に相応しい場所になっていたのであろう。推古と馬子は、飛鳥が王権の聖地として熟成するまで、あえてそのなかに本居地を置こうとはしなかった。かれらは慎重の上にも慎重に、大切な宝を慈《いつく》しむかのように、飛鳥が特別な空間、神聖な空間になるのをじっくりと待ち続けたといえる。

その成果を受け止めて、ついに舒明によって飛鳥のなかに大王宮が営まれたのである。

飛鳥の北部にはすでに飛鳥寺があり、今新たにその南部に飛鳥岡本宮が置かれ、これらを中枢にした都市の大枠が形作られ、以後、この内側が整備・拡充されていくことになる。その事業はようやく始まったばかりであるが、完成した暁には、一般の在地豪族の居宅やそれを取り巻く空間とは較べものにならない都市空間がそこに現出するはずであった。

さて、この飛鳥岡本宮の遺構については、そのごく一部が確認されているにすぎない。明日香村を訪れると、多くの人がかならずといっていいほど足を運ぶスポットに飛鳥京跡がある。通称、伝飛鳥板蓋宮《あすかいたぶきのみや》跡である。

この遺跡は、大きくI期・II期・III期の遺構に区分される。長期にわたってほぼ同じ場所に集中して宮殿が営まれたのである。

II期が後述する皇極《こうぎょく》女帝の飛鳥板蓋宮の遺構であり、III期が斉明《さいめい》女帝の後飛鳥岡本《のちのあすかおかもとの》宮《みや》と、それを拡充して造られた天武《てんむ》天皇の飛鳥浄御原宮《あすかきよみはらのみや》の遺構と考えられている。そして、最下層の、一番古い遺構（I期）こそが飛鳥岡本宮のものであるとされている。

I期の遺構としては、七世紀第2四半期の大型柱列、石敷などが確認されているにすぎない。しかし、これが舒明の飛鳥岡本宮の遺構であることはほぼ間違いない。七世紀半ばの柱列には火災の痕跡がみとめられるという。後述するように、飛鳥岡本宮は火災にあって焼失しているので、火災の痕跡はこの遺構が飛鳥岡本宮であることを物語っていることになる。

あっさりと飛鳥を棄てて

新築された飛鳥岡本宮を中心にした飛鳥という都市の建設は、このまま順調に発展していくかに思われた。しかし、予測もしなかったアクシデントに見舞われることになる。それは、六三六年六月のことであった。舒明の治世も八年を数えていたが、飛鳥岡本宮が火災によって焼け落ちてしまったのである。火災の原因については、『日本書紀』は沈黙している。

この火災が放火によるものとすれば、それは飛鳥を王権の聖地とすることにいまだに反対する勢力の仕業と考えてよいかも知れない。ただ、後述するように、ほかならぬ舒明自身が飛鳥開発にそれほど乗り気ではなく、それとは異なるプランをもっていたらしいことから見れば、放火の可能性は考えすぎであろう。

舒明は田中宮《たなかのみや》という仮宮に避難し、そこを暫《しば》しの住居と定めた。田中の地名は橿原市田中町にのこる。飛鳥岡本宮から見て北西の方角に位置する。ここを本居地とした蘇我氏の一族に田中臣《たなかのおみ》がいた。

舒明の田中宮での滞在は、結局、足掛け四年におよんだ。もちろん、その間、まったく外出や遠出がなかったわけではなく、六三八年十月には有間温湯《ありまのゆ》に行幸している。舒明の有間行幸にしたがった軽皇子《かるのみこ》（舒明の大后、宝皇女《たからのひめみこ》の同母弟）は、ちょうどその頃に阿倍《あへ》氏出身の妃が身ごもった皇子に有間の名を付けたといわれる。後年、非業の最期を遂げる、あの有間皇子である。

さて、飛鳥岡本宮の焼失から三年後、舒明はついにその意志と構想を明らかにした。それは『日本書紀』舒明十一年（六三九）七月条につぎのように見えるものである。

天皇（舒明）が、「今年、大宮《おおみや》と大寺《おおでら》を造りたいと思う」といった。そこで、百済川《くだら》のほとりをその建設地と定めた。西の民が大宮を、東の民が大寺を造ることになった。書直《ふみのあたい》県《あがた》が大匠《おおだくみ》（建設の総監督）に任命された。

飛鳥岡本宮が焼失したとはいえ、同じ場所に宮殿を再建することは十分に可能だったはずである。それにも拘わらず、舒明は飛鳥を離れて、百済という場所に宮殿（百済大宮《くだらおおみや》）だけでなく寺院（百済大寺《くだらおおでら》）もセットで建設しようと企てたのであった。推古女帝の指名をうけて即位した舒明だったが、彼は、推古と馬子が企てた飛鳥開発の構想をいとも簡単に放棄してしまったことになる。

宮殿のみならず寺院も併せて造ろうとしたのは、おそらく、飛鳥岡本宮の造営に先行して飛鳥寺を建立したことを前例としているのであろう。飛鳥寺は飛鳥という土地を大王家にとって特別な場所、神聖な空間にするための宗教施設であったから、舒明が百済大宮とともに百済大寺を造営しようとしたのは、飛鳥に代えて百済の地を大王家の本居地、王権の聖地にしようと企てたためにほかならないだろう。

舒明が目を付けた百済とは一体どこにあったのか。百済大宮・百済大寺の所在地については、長いあいだ不明とされてきた。

舒明とその家系・一族のなかで百済という土地と接点をもっている例としては、舒明の祖父、敏達《びだつ》天皇の最初の宮殿が百済大井宮《くだらおおいのみや》だったことくらいであろう。敏達は五七二年に百済大井宮で即位したのであるが、この宮殿は奈良県北葛城郡広陵町の百済、あるいは大阪府河内長野市の太井にあったのではないかといわれている。

百済大井宮といった場合、大井というのは美称の一種であり、最初の百済のほうが宮殿の所在地の名前であるから、大井の地名を決め手とした大阪府河内長野市説は問題にならない。やはり、百済とはどこかが問題になるのである。

敏達と舒明が祖父と孫の間柄であることを思えば、敏達の百済大井宮の所在地と、舒明の百済大宮・百済大寺の所在地とが同一の場所である可能性は決して小さくない。百済大

百済大寺であることがほぼ確定した吉備池廃寺。白線は推定される回廊跡。矢印は1998年に発掘された回廊跡。①は塔基壇、②は金堂基壇の跡。　写真提供・共同通信社

宮、あるいは百済大寺の所在が突き止められれば、すべては明らかになるはずである。

舒明はなぜ天香久山に登ったのか

百済大宮の遺跡はなお不明であるが、百済大寺に関しては有力な候補が近年になって発見され話題となった。桜井市吉備の吉《き》備《び》池《いけ》廃《はい》寺《じ》がそれである。

吉備池廃寺では、東西三七メートル、南北二八メートル、高さ二メートルの金堂基壇《こんどうきだん》に加え、一辺約三〇メートル、高さ二・一メートルという巨大な塔基壇が発見されている。この塔基壇には中央に南北八メートル、東西六メートル、深さ〇・四メートルの穴がある。これは塔心礎《とうしんそ》を抜き取った跡である。百済大寺の塔は九重塔であったと伝えられてい

るが、この塔基壇であれば、およそ九〇メートルの高層建築を支えるのに十分であることが分かった。

さらに、これらを囲む回廊、中門、僧房などの跡も確認された。七世紀前半の法隆寺式伽藍配置の寺院跡であり、出土瓦が創建期のものに限られることから見ても、後述するように、未完のまま他所に移建された百済大寺の遺構であることはほぼ確実と考えられている。

吉備池廃寺が百済大寺であり、そして百済大寺が敏達の百済大井宮の所在地に建てられたものであったとすれば、舒明が飛鳥に代わって大王家の本居地、王権の聖地を築こうとした百済は、いわゆる磐余《いわれ》の範囲内にあったことになろう。すでに述べたように、磐余は六世紀段階の大王たちが代々大王宮を営んだ地域であり、舒明の祖父、敏達も百済大井宮に続いて訳語田幸玉宮《おさだのさきたまのみや》をやはり磐余のなかに造営している。舒明の父である押坂彦人大兄皇子《おしさかのひこひとのおおえのみこ》の宮殿は桜井市の忍阪《おつさか》にあったと思われ、これも磐余の周辺ということになる。

舒明は飛鳥を棄て、かつての磐余に回帰しようと企てていた可能性がある。彼がこれほどまでに磐余に固執した理由としては、百済大寺が敏達の百済大井宮の跡地に営まれたとするならば、敏達と舒明との血のつながり、すなわち舒明が敏達の直系の孫であったことにもとめるのが妥当であろう。

舒明は推古の遺詔で即位したにも拘わらず、推古の飛鳥開発プランにはそれほど執着を示さなかった。逆に、自分が敏達直系の血筋であることを強烈に意識していたようである。ただ、舒明は蘇我馬子のむすめ（法提郎媛《ほほてのいらつめ》）を娶り、すでに彼女とのあいだに古人大兄皇子《ふるひとのおおえのみこ》をもうけていた。このように彼は蘇我氏と結び付く一方で、自分こそは敏達の直系であるという意識を強くもっており、推古や蘇我氏の描き出した路線や構想に一線を画したいという考えを抱いていた、ということができる。

それを裏付けるのが『万葉集』巻第一に見える舒明天皇の国見歌《くにみうた》ではないだろうか。

大和には　群山《むらやま》ありと　とりよろふ　天《あま》の香具山　登り立ち　国見をすれば　国原《くにばら》は
煙《けぶり》立ち立つ　海原《うなばら》は　かまめ立ち立つ　うまし国そ　あきづ島　大和の国は
（山々が折り重なる大和の国　その山々をしたがえた天の香具山　そこに登って国を望めば　国原
には立ちのぼる煙　海原には飛び交うカモメ　何とすばらしき国　蜻蛉〈秋津〉島大和の国よ）

国見とは大王・天皇が高所からその支配領域を望み見、みずからの支配権を確認する行為であった。国誉《くにほ》めともいわれる。その土地の特産や美点を口にして、それらが王である自身の支配下にあることを確認するわけである。

天香久山から見渡せるのは奈良盆地の一部にすぎなかったはずである。しかし、「国原は煙立ち立つ」「海原はかまめ立ち立つ」とあるように、実際には見えない日本列島の隅々の風景が大王・天皇の視界には入っていることになる。このような行為は、従来どちらかといえばマイナーな存在と見られてきた舒明には似つかわしくない。だが、舒明が国見を行なった場所が天香久山であったことを見れば、疑問は氷解するのではないだろうか。

天香久山は、前に述べたように、六世紀段階の王権の聖地であった磐余を、三輪山とともに、まさに王権の聖地たらしめている聖なる山であった。舒明がその天香久山に登り、大王としての自己の支配権を確認しているのは、舒明が推古・馬子らによって切り拓かれた飛鳥ではなく、それに先行する磐余になお強いこだわりをもっていたことを示していると思われる。

詳しくは後述することになるが、六七二年の壬申《じんしん》の乱のさい、大海人皇子《おおあまのみこ》（天武天皇）側について活躍した武人に大伴吹負《おおとものふけい》がいる。彼は大海人の密命を受け、同志を糾合して飛鳥にあった大友皇子の陣営を奇襲する。吹負の出撃のようすを『日本書紀』はつぎのように描いている。

吹負は兵士を百済の家に集結させておき、この日、その南門から打って出た。

これによれば、大伴氏、というよりも吹負自身の屋形が百済の地にあったのである。この百済は橿原市高殿町にある小字《こあざ》「東百済」「百済」「西百済」の地といわれており、天香久山の西北麓の一帯が百済だったことになる。

だが、吉備池廃寺が百済大寺の遺構だったとすると、吹負の屋形があった百済はこれよりもやや東方に拡がっていた可能性が生じてくる。いずれにせよ、百済という土地は天香久山を基点とした範囲のなかにおさまるようである。換言すると、舒明の国見歌が示唆しているように、天香久山の頂上からの視界のなかに百済はあったということである。

舒明はどちらかといえば、磐余を本居とし、磐余を王権の聖域とした六世紀段階の大王に連なる、古いタイプの大王であったことになろう。この点、彼の後継者となるその大后、宝皇女《たからのひめみこ》(皇極天皇)とは大きな違いであった。

厩戸一族への対抗意識

舒明が、敏達直系意識というべき考えにとらわれていたことは、百済大宮・百済大寺の造営プランにも如実にあらわれている。

『日本書紀』によれば、百済大宮は西国の民衆が造り、百済大寺は東国の民衆が造営にあたったという。西国・東国で徴発された労働力が、はっきりと宮殿・寺院の造営に振り分けられたということは、百済の地では西に百済大宮、東に百済大寺が配置されたと考えるのが妥当であろう。

これはちょうど、厩戸皇子の営んだ斑鳩宮・斑鳩寺の配置と逆になる。斑鳩の場合は東に宮殿、西に寺院という配置であった。舒明は宮殿・寺院の配置については斑鳩と同じ「東西型」をえらびながら、それぞれの配置に関しては、あえて斑鳩と異なるタイプを採用したことになる。

これは、敏達の異母弟である用明天皇を起点とした厩戸皇子とその一族への対抗意識以外の何物でもないだろう。自分こそ用明の兄、敏達の直系であるという優越意識が、厩戸が採用した造営プランとは異なるものを舒明に選択させたのではないかと思われる。

百済大宮・百済大寺の造営に着手した年の十二月、舒明は伊予温湯宮《いよのゆのみや》（愛媛県松山市道後温泉の地）に行幸している。

大宮・大寺の完成、とくに大宮が居住可能になるまでのあいだ、温暖な伊予の地で過ごそうとしたかのように見られる。だが、大王の温湯への行幸はたんなる湯治などではありえなかった。先に見た国見や国誉めのように、大王が支配領域内の特定の地を訪れ、その地の産物や特性を誉め称えるのは、大王のその地に対する支配権を確認する政治的な行為だったのである。

『伊予国風土記《いよのくにふどき》』逸文によれば、五九六年(推古四)十月、厩戸皇子は高句麗僧の恵慈《えじ》と葛城臣《かずらきのおみ》を供にして伊予温湯を訪れたという。これは、数年後に彼が「外相」として政権に参画したことから見て、瀬戸内海の海上交通を扼する後の伊予国温湯郡《ゆのこおり》を訪ね、近い将来に迫った入閣に期したものと考えられる。その意味では厩戸の伊予訪問も大王による国見、国誉めに準ずる行為であったといえよう。

舒明が、百済大宮完成までの短期間であったとはいえ、かつて「外相」就任前の厩戸が公式に訪問した伊予温湯宮をえらんで、あえてその地を訪れているのは、敏達直系を自負する舒明の厩戸一族への対抗意識のあらわれ——と見なすのは、それほど的外れな推測ではないと思われる。

まぼろしの百済大寺——舒明天皇の試練

六四〇年(舒明十二)の四月、舒明天皇は伊予の温湯宮から帰り、ひとまず厩坂宮《うまやさかのみや》に落ち着いた。百済大宮はなお完成には至っていなかったのであろう。

厩坂宮は現在の橿原市大軽町にあった宮殿である。厩坂は軽《かる》とよばれる地域のなかにあった。舒明の大后、宝皇女の同母の弟に軽皇子《かるのみこ》（後の孝徳天皇）がおり、彼はこの軽の地を基盤とした豪族との関わりが深かった。厩坂宮は軽皇子と関係深い豪族によって維持されていた可能性があり、百済大宮の完成までの日時を過ごす居所として舒明に厩坂宮を提供したのは、舒明の義弟、軽皇子であったかも知れない。

同年十月、百済大宮がついに完成し、舒明は待ちかねたかのように慌ただしく同宮に遷った。だが、大変皮肉なことに、舒明がこの宮殿で過ごした時間はわずか一年にすぎなかった。六四一年十月九日、舒明は百済大宮で亡くなるのである。

舒明は短かったとはいえ百済大宮に住むことができたが、一方の百済大寺の完成をついにその目で見ることはかなわなかった。それは、九重塔という当時とすれば超高層建築を建立する難しさに加えて、また別の事情があったようなのである。これについては『大安《だいあん》寺《じ》伽藍《がらん》縁起《えんぎ》并《ならびに》流記《るき》資財帳《しざいちょう》』につぎのような所伝が見える。

天皇（舒明）の在位十一年、干支《えと》は己亥《きがい》の二月、百済川のほとりに、子部《こべの》社《やしろ》の境内の木を伐採して、院寺家は九重塔を建立した。食封《じきふ》三百戸があたえられ、名付けて百済大寺といった。この時、社の神の怨みをうけ、九重塔と金堂の石鴟尾《しび》が焼け落ちてしまった。

『大安寺伽藍縁起并流記資財帳』は、百済大寺の後身である大安寺《だいあんじ》が、七四七年（天平《てんぴょう》十九）に政府に提出した同寺創建の由来書と財産目録である。そのなかに、百済大寺が子部社の神の祟《たた》りによって焼け落ち、完成に多くの困難が伴なったことが記されている。

子部社というのは小子部《ちいさこべ》氏が祭る神社であるが、雄略《ゆうりゃく》天皇の時代、小子部氏の始祖で栖軽《すがる》という人物が三輪山の雷神を捕らえたと語り伝えられている。子部社の祭神の正体は雷神だった可能性がある。百済大寺がこの子部社の神の祟りを受けたというのは、おそらく、百済大寺が落雷で焼け落ちたことから思いつかれたことなのであろう。

百済大寺が、飛鳥寺の前例にならい、百済の地を新たな王権の聖地とするために建立されたとすれば、残念ながら、その目論みは脆《もろ》くも潰《つい》えたといわざるをえない。百済を王権の聖地とするための宗教施設である百済大寺自体が神の祟りを受けたというのであるから、その宗教性・神聖性は傷つけられ、根底から否定されたに等しい。舒明による王権の聖域創造は事実上失敗に終わったといえよう。

なお、『大安寺伽藍縁起并流記資財帳』には、大安寺の起源が厩戸皇子が建立した熊凝《くまごり》精舎《しょうじゃ》にあり、それが舒明によって引き継がれ百済大寺となり、さらに舒明のむすこの天武天皇により高市大寺《たけちおおでら》・大官大寺《だいかんだいじ》となって、平城遷都に伴ない大安寺となった経緯が記されている。

舒明が厩戸皇子から寺院の造営を引き継いだというのは、大安寺の起源を厩戸皇子に結びつけようとして、奈良時代の大安寺内部で作り出されたフィクションにすぎないであろう。前に述べたように、舒明は厩戸による寺院建立に対抗意識を抱くことがあったとしても、現実にその意志や計画を継承するといったことは、まずありえなかったと思われるのである。

「入鹿の首塚」。向こう側に甘檮岡（現在の甘樫丘）が見える。
撮影・桑原英文

舒明と皇極のあいだ

六四一年十月、舒明天皇の葬礼が執り行なわれた。大王の亡骸《なきがら》を安置した殯宮《もがりのみや》は、完成してまだ一年ほどの百済大宮の北に営まれた。これを百済大殯《くだらのおおもがり》とよんだという。

『日本書紀』によれば、この時、舒明のむすこで当時十六歳だった中大兄皇子《なかのおおえのみこ》が誄《しのびごと》をたてまつったという。誄とは亡き大王に献じたコトバであり、いわば今日の弔辞にあたる。

『日本書紀』は中大兄皇子のことを「東宮《もうけのきみ》開別皇子《ひらかすわけのみこ》」と記している。「東宮」とは皇太子のことであり、すでに述べたように、この時代に存在した地位ではない。「開別皇子」の「開別」というのも、後に天智《てんじ》天皇となった中大兄の諡号《しごう》、「天命開別《あめみことひらかすわけ》」の一部であって、当時の呼称ではありえない。なぜ、このような後世の呼称で彼をよんでいるのであろうか。

舒明の殯宮で誄を捧げた者は他にも大勢いたはずである。それなのに、当時十六歳にすぎなかった中大兄による誄の奏上だけが殊更に記されていることには、何らかの作為を感じざるをえない。中大兄は後に有力な王位継承資格者となり、現に即位することになるわけだが、十六歳の彼が誄を奉じたことが特記されているのは、彼が舒明の真の後継者であり、早い段階から即位することが確定していたことを主張しようとする作為以外の何物でもないだろう。だが、世代や年齢が王位継承の条件として重視されていた当時、十代半ばの彼が直ちに即位できる立場にあったとはとても考えられない。

翌年正月に新大王として立ったのは、舒明の大后だった宝皇女《たからのひめみこ》であった。皇極天皇である。

皇極は、敏達《びだつ》天皇の皇子、押坂彦人大兄《おしさかのひこひとのおおえ》のむすこである茅渟王《ちぬのおおきみ》(舒明の異母兄)と、欽明《きんめい》天皇のむすこ、桜井皇子《さくらいのみこ》のむすめである吉備姫王《きびのひめみこ》とのあいだに生まれたむすめであった。弟に軽皇子《かるのみこ》(後の孝徳天皇)がいた。

彼女は最初、用明《ようめい》天皇の孫で高向王《たかむくのおおきみ》と結婚し、漢皇子《あやのみこ》というむすこをもうけていた。だが、「外相」厩戸皇子《うまやとのみこ》が亡くなり、田村皇子《たむらのみこ》とよばれていた舒明が推古後継として注目を集めるようになる頃、彼女は舒明に請われて彼との結婚に踏み切った。

舒明は皇極の父の異母弟であったから、彼女の叔父にあたる。この時代、王族のあいだで叔父・姪の結婚はさして珍しいものではなかった。舒明が皇極との結婚を望んだのは、彼が即位した時に彼女を大后に立てるためであった。

大后は大王の政治を輔佐、または大王の権力の一部を分掌する地位であって、それゆえに大王のできるだけ近い血縁者から選出すべきものとされていた。史上最初の大后になった後の推古天皇は、敏達の異母妹であり、その配偶者でもあった。彼女が敏達大后としての執政の経験と実績を評価されて、敏達没後数年経ってから史上初の女性大王になったことは前に述べたとおりである。

推古に次ぐ二人目の大后になったのは、用明天皇の異母妹であり彼の妻だった穴穂部間《あなほべのはし》人皇女《ひとのひめみこ》であった。だが、用明の在位がわずか二年足らずだったこともあって、穴穂部間人の執政への関与は乏しく、結果的に執政の経験と実績は推古には遠くおよばなかった。厩戸の母である彼女に女帝への道が開かれなかったのはそのためであろう。

史上三人目の大后となったのが皇極ということになる。彼女は舒明が即位した翌年（六三〇年）に大后に擁立されたが、六四一年に舒明が亡くなるまで、およそ十一年にわたって夫舒明の政治を輔佐した。

推古の前例から考えれば、舒明没後に皇極が即位することになったのは、大后としての十年余の執政経験と実績が評価された結果といえよう。さらに推古の先例からいうならば、新大王として皇極を指名したのは、前大王、舒明だったに違いない。

舒明後継の候補としては、かつて舒明に次ぐ王位継承資格者だった山背大兄王《やましろのおおえのみこ》のほかに、皇極の同母弟、軽皇子、それに舒明のむすこである古人大兄皇子《ふるひとのおおえのみこ》や中大兄皇子らがいた。しかし、舒明大后として執政経験の豊富な皇極は、かれらのうちの誰よりも、大王としての権力を継承し、それを行使するのに相応しい存在だったのである。彼女がたんに、むすこ中大兄即位のための「中継ぎ」でなかったことは明らかであろう。

このように、皇極天皇は、舒明の大后として、その執政経験と実績を評価されて即位することになったわけだが、彼女は舒明の後継大王だったとはいえ、大王家の本居地、王権の聖地をどこに置くかに関しては、亡夫とまったく異なる立場と考えをもっていたのである。


再び、飛鳥へ……


六四二年の正月に即位した皇極は、当初、百済大宮にあったようである。それは、まだ完成を見ていない百済大寺《くだらおおでら》の造営工事を推しすすめるためにも、新大王である彼女は百済の地に止まるべきだったからであろう。

だが、皇極にとって、百済という場所は亡き夫の舒明ほどには未練も執着もなかったようである。その年の十二月になって、彼女は小墾田宮《おはりだのみや》に遷っている。いうまでもなく、かつて推古女帝が君臨したあの王宮である。

小墾田宮は、亡き推古が飛鳥を王権の聖域とするためにみずからの拠点と定めた宮殿であった。いわば飛鳥開発の原点・基点といってよい。即位して間もない皇極があえてこの宮に入ったということは、彼女の立場を鮮明に物語っている。皇極女帝は夫舒明ではなく、推古や馬子の遺志を引き継ごうとしていたのである。

なお、『日本書紀』は皇極が小墾田宮に遷ったことについて、

東宮の南の庭の権宮《かりみや》に遷った。


と記している。

「東宮」はいわゆる皇太子の居所のことではなく、この場合は、小墾田宮のなかの東側にあった宮殿を指していると思われる。その南に拡がる庭のなかに彼女のための仮御所が造営されたということであろう。小墾田宮は雷丘《いかずちのおか》を挟んで東西に展開していた可能性があるので、この「東宮」というのは、雷丘の東方にあった宮殿(雷丘東方遺跡)のことだったのではないだろうか。

さて、『日本書紀』皇極元年九月乙卯《いつぼう》条にはつぎのように見える。


天皇(皇極)は大臣《おおまえつきみ》(蘇我蝦夷《そがのえみし》)につぎのように命じた。

「朕《われ》は大寺(百済大寺)を造営したいと思う。近江国《おうみのくに》と越国《こしのくに》の丁《よほろ》(役夫《えきふ》)を徴発せよ」

皇極は小墾田宮に遷り飛鳥に戻ろうとしているとはいえ、舒明の遺志であった百済大寺の造営を忘れ去ったわけではなかった。「近江国と越国」、すなわち現在の滋賀県や北陸地方に住む成人男子から労働力を駆り集め、それを百済大寺の完成に投入しようとしたのである。

かつて舒明の在世中には「東の民」「西の民」が動員され、「東の民」が百済大寺の造営に投入された。それに対し、今回は「近江国と越国」という国を単位に役夫の徴発がなされているので、舒明の時とは異なる労働力動員の方法が採用された可能性がある。

国を単位としていることから見て、国司《こくし》(クニノミコトモチともいう)とよばれる中央派遣官僚が役夫徴発の実務にあたったのではないかと考えられる。それは、つぎの『日本書紀』皇極二年十月己酉《きゆう》条が手掛かりになる。

天皇は群臣《まえつきみ》・伴造《とものみやつこ》らを朝堂の庭に召して饗宴を賜わった。そして、冠位授与の件について協議させた。最後に国司たちに命じて、つぎのように告げた。

「先に勅《みことのり》を出して述べたように、国司の赴任先に異動はない。それぞれの任地に赴き、それぞれの職務に精励せよ」

「先に勅を出し」たのが一体いつなのか不明であるが、皇極女帝が何らかの必要を満たすために、各地に国司を派遣していたことが分かる。この国司は、一定期間地方に常駐して行政にあたった後世の国司とは異なり、必要のある時、特定地域に臨時に派遣される官僚であったと見られる。

板蓋宮――労働力編成の「実験」

かつての百済大宮・百済大寺造営のさいには、「西の民」「東の民」が駆り出されたとあるように、非常に漠然とした広域を対象に労働力の徴発が行なわれていた。これは、国といった一定の領域を単位としない労働力の徴発であり、おそらく旧来の部《べ》の制度にもとづく徴発であったと思われる。

部とは、特定の大王や王族に対する貢納・奉仕の義務を負わされた民の集団のことである。たとえば、前にも見たように、額田《ぬかた》という名の大王・王族に仕え、彼(彼女)のために貢物を納めたり労役の奉仕にあたるのが額田部であり、また大王に対して機《はた》織りの奉仕義務を負うのが服織部《はたおりべ》(服部)、宮殿の門や倉庫などの警備にあたる犬を飼育・調教する服属集団が犬養部《いぬかいべ》とよばれた。

日本列島の主要な地域に住んでいた民衆は、大王や王族に対し何らかの貢納・奉仕の義務を負わされており、いずれかの部に編成されていたと見られる。舒明の場合、東日本・西日本という広域に対し、この部の制度を基礎にして大量の労働力を動員しようと企てたのであろう。

しかし、部に編成されていない民衆も各地の有力豪族のもとに数多くいたであろうし、かつて特定の貢納・奉仕を強制されていたが、現在はそのような義務から解放されているといった民衆も少なからずいたことであろう。広域を対象に部を単位として労働力を徴収しようとした場合、列島の各地に住む民衆を余すところなく確実に把握できるかとなると、それは困難極まる作業だったに違いない。

確実に多くの労働力を駆り集めるには一体どうしたらよいだろうか。それには、これまでの部の制度に依存することなく、一定の領域を単位として、民衆をその住所によって把握するのが一番有効であったろう。皇極は、亡夫舒明による労働力の徴発を教訓として、より効率的な労働力の徴発を試みようとしたのではないだろうか。

後述するように、彼女が再び即位して斉明《さいめい》天皇になった時、大量の労働力を飛鳥の開発・建設に投入し、厳しい批判にさらされることになる。彼女が作らせた運河は「狂心《たぶれごころ》の渠《みぞ》（狂気の沙汰の運河）」との非難を浴びた。しかし、彼女の場合、多くの労働力を駆り集めての土木工事好きは、斉明時代になって始まったわけではなかった。皇極の時代から、るとともに、すでに戸口を把握していた屋の人々ではなく、国を単位とした徴発の対象となったのは、百済大寺造営をはさむ大王家の私有民と部の制度によらない労働力動員の「実験」に彼女はすでに取り組んでいたのである。

他方、皇極女帝はみずからの大王宮の建設にも着手した。彼女は何のためらいも見せずに百済の地を棄てた。焼け落ちた飛鳥岡本宮のあったあの場所で、新宮殿の造営が始められたのである。それは『日本書紀』皇極元年九月辛未《しんび》条につぎのように見える。

天皇（皇極）は大臣（蘇我蝦夷）に対して、

「今月より始めて十二月までに宮室を造営したいと思う。諸国に命じて宮殿の資材を伐採させよ。さらに東は遠江国《とおとうみのくに》、西は安芸国《あきのくに》を限って宮室の造営にあたる丁《よぼろ》（役夫）を徴発するように」

と命じた。

百済大寺の完成工事の時と同様に、国を単位とした労働力の動員がなされている。それも、百済大寺の時に徴発対象になったのは「近江国と越国」にすぎなかったのに、今度は、東は「遠江国」、西は「安芸国」のあいだ、現在の静岡県西部から広島県に至る中間地帯という広域で国ごとに民衆を徴発しようと企てたのである。それは大王の宮殿造営に動員された労働者の数の多さ、という点でも画期的な試みであったといえよう。

画期的といえば、新宮殿の屋根も従来に例を見ない斬新なものであった。当時はたとえ大王宮であっても、屋根は茅葺《かやぶ》きと決まっていた。皇極の新宮殿の屋根は何と檜皮葺《ひわだぶ》きだった。飛鳥板蓋宮と命名された所以《ゆえん》である。縦挽《たてび》きの鋸《のこぎり》がない当時の技術水準では宮殿の屋根に厚板を葺くことは至難の業であったと見られる。大量の木材が失敗作となって廃棄されたことであろう。

この豪華な檜皮葺きの宮殿は、派手好きな女帝の好みによるものと見られがちである。しかし、推古女帝と蘇我馬子の遺志を引き継いだ彼女からすれば、大王家の本居地であり王権の聖域である飛鳥の中枢に位置する大王宮は、一般の豪族たちの居館とは異なる斬新かつ画期的なものでなければならないと考え、このようにしたのだろう。それを彼女のたんなる好みや趣味と決めつけてしまうのは疑問である。

山背大兄殺し——入鹿に共犯はいたのか

皇極女帝が即位して二年目の六四三年の十一月、斑鳩宮《いかるがのみや》にあった山背大兄王が襲われ、一族もろとも滅び去るという凄惨な事件が起きた。この事件は蘇我入鹿《そがのいるか》の単独犯行といわれてきた。それは『日本書紀』につぎのように見えるからである（皇極二年十一月丙子朔《へいしさく》条）。

蘇我臣入鹿は、小徳《しょうとく》の巨勢徳太臣《こせのとこたのおみ》、大仁《だいにん》の土師娑婆連《はじのさばのむらじ》を遣わして、山背大兄王らを斑鳩《いかるが》に襲撃した。ある史料によれば、巨勢徳太と倭馬飼首《やまとのうまかいのおびと》を将軍にしたという。

山背大兄の母は、蘇我入鹿の父、蝦夷の姉妹であったから、入鹿と山背大兄とはいとこ同士だったことになる。入鹿がその山背大兄を滅ぼそうとした動機はつぎのとおりである（皇極二年十月戊午《ぼこ》条）。

蘇我臣入鹿は独りで、上宮王《かみつみやのみこ》（山背大兄王）らを殺害して、古人大兄皇子《ふるひとのおおえ》を天皇に擁立しようと企てた。

入鹿は、舒明天皇の皇子で、蘇我馬子《うまこ》のむすめ法提郎媛《ほほてのいらつめ》を母にもつ古人大兄を次期大王とするために、その障壁となる山背大兄をその一族ともども葬り去ろうとしたといわれている。ところが、中臣《なかとみの》（藤原《ふじわらの》）鎌足《かまたり》の伝記である『家伝《かでん》（藤氏家伝《とうしかでん》）』上や『上宮聖徳太《じょうぐうしょうとくたい》子伝補闕記《しでんほけつき》』『聖徳太子伝暦《でんりゃく》』など、『日本書紀』よりも後に書かれた史料によれば、入鹿の単独犯行説を疑わせるような記述が見えるのである。

まず、『家伝』上にはつぎのように見える。

後岡本天皇《のちのおかもとの》（皇極）の二年、干支《えと》は癸卯《きぼう》の年、冬十月に宗我《そがの》（蘇我）入鹿は諸王子とともに謀って、上宮太子（厩戸皇子）のむすこ、山背大兄らを殺害しようとして、つぎのように語った。

「山背大兄は我が蘇我の血を引いている。その人徳は香るが如く、聖人としての評判は世に知れわたっている。崗本天皇（舒明）が即位する時に、群臣たちのあいだに意見の相違があり、叔父である蘇我蝦夷と甥にあたる山背大兄とのあいだに確執が生じた。また、我が父、蝦夷が同じ一族の境部臣摩理勢《さかいべのおみまりせ》を誅殺したために、山背大兄の蝦夷への恨みはいっそう深まってしまった。今、天皇（舒明）が亡くなり、皇后（皇極）が政務に臨んでいるが、心に不安なものがある。このままでは内乱が起きないとも限らない。山背大兄がたとえ我が蘇我の姻戚であろうと、それを顧慮することなく、国家の繁栄をこそ計りたいと思うのだ」

諸王はこれに賛同した。だが、これは、入鹿に賛同しないで、後に身に害が及ぶのを恐れてのことであった。

ここには、いたずらに私利私欲によるのではなく、真摯に国家の将来を考え果断に行動しようとする入鹿の姿が描かれている。そして、彼の呼びかけに「諸王子」「諸王」が同意し、したがったことになっている。藤原氏の始祖である鎌足の伝記のなかで、鎌足によって討たれた入鹿はどのように悪く描かれても不思議ではないのに、まったく正反対の入鹿像が示されているので、この記述には信憑性があるといわれている。

しかし、『家伝』上は、七六〇年(天平宝字《てんぴょうほうじ》四)に、鎌足の曾孫にあたる藤原仲麻呂《ふじわらのなかまろ》(恵《え》美押勝《みのおしかつ》)が編纂したもので、その目的は、ようやく翳りが見え始めた彼の権力を回復することにあった。仲麻呂は『日本書紀』以外の信用のおける史料をみずから発掘し、この部分を書いたのではなく、あくまで『日本書紀』の叙述をもとにしながら、それに彼の関心や嗜好によって大胆に修飾を加えたにすぎないと考えられる。

たとえば、「皇后が政務に臨んでいるが、心に不安なものがある」の一節には、聖武《しょうむ》天皇の皇后で仲麻呂の叔母であり、彼の権力の源でもあった藤原光明子《ふじわらのこうみょうし》の存在と権勢とが投影されているようである。「このままでは内乱が起きないとも限らない」という入鹿の台詞《せりふ》は、七五七年に仲麻呂が鎮圧した橘奈良麻呂《たちばなのならまろ》のクーデタを意識して書かれたのではないかと思われる。『家伝』上に見えるエピソードには、仲麻呂の創作も少なくなかったであろう。したがって、入鹿には「諸王子」「諸王」という共犯がいたと『家伝』上が述べていたとしても、それを頭から信用するわけにはいかない。
つぎに、平安時代に成立した聖徳太子伝の集大成版である『聖徳太子伝暦』は、この事件についてつぎのように記している。

　癸卯《きぼう》年の十一月十一日（丙戌《へいじゅつ》）、亥《い》の刻に、宗我大臣《そがのおおまえつきみ》（蝦夷）の児、林臣入鹿《はやしのおみいるか》、致《ち》奴王子《ぬのみこ》（茅渟王）の児、名は軽王《かるのおおきみ》（軽皇子）、巨勢徳太古臣《こせのとこたこのおみ》（巨勢徳太）、大伴馬甘《おおとものうまかいの》連《むらじ》（大伴長徳《ながとこ》）、中臣塩屋連枚夫《なかとみのしおやのむらじひらふ》ら六人が、悪逆の至りの計略を起こしたために、太子の子孫、男女二十三王が罪もないのに殺害されてしまった。

こちらは、入鹿の共犯の名前をはっきりと記している。「軽王」すなわち後の孝徳天皇の名が見えることが注目され、孝徳はかつて入鹿と親しく、政治的に手を組んでいたことが強調されるようになった。私も旧著のなかで、この史料をもとに、山背大兄王は軽皇子と入鹿との共同戦線によって滅ぼされたのだ、と述べたことがある。
しかし、平安時代になって成立した、聖徳太子を賛仰する目的で書かれた書物が、『日本書紀』よりも成立が古く、その意味で『日本書紀』の記述を補ない検証しうるような新資料を発見できたかとなると、はなはだ心もとないと思われる。聖徳太子を信仰する者が、敬愛してやまない太子の子孫を絶滅に追い込んだ極悪人の名をできるだけ具体的に示したいと考え、その余りに、彼の解釈を交えてこの部分を書いたことは否定しがたいであろう。

彼の解釈とは、つぎのようなものである。太子伝の作者は、『日本書紀』を読んで、そこに別伝として入鹿が巨勢徳太と倭馬飼首らを将軍として遣わしたとあるのに着目した。倭馬飼首は名前が伝わらないが、これを馬飼の別名をもつ大伴長徳《ながとこ》のことと考えたのであろう。巨勢徳太と大伴長徳の両名ならば、後に孝徳天皇のもとで左右大臣になっているから、かれらは即位前の孝徳すなわち軽皇子の配下であって、かれらが山背大兄の討滅に参加しているならば、主人である軽皇子自身もこれに加わったに違いない、と解釈したということである。

あるいは、太子伝の作者は『家伝』上の叙述を参考にしたのかも知れない。すなわち、彼は『家伝』上を読み、山背大兄を討とうとの入鹿の呼びかけに不承不承応じたという「諸王子」「諸王」の存在を知った。それが具体的に誰であるかを考えた彼が、その結果引き出した答えが「軽王」ではなかったか、と見なすこともできる。

いずれにしても、『家伝』上や『聖徳太子伝暦』などの後代の史料は、山背大兄王の滅亡事件の記述に関する限り、『日本書紀』の叙述を補なったり、修正したりする力をもたない、と考えざるをえない。

山背大兄の討滅を命じた者

以上見たように、山背大兄王の滅亡を入鹿の単独犯行とする『日本書紀』の記述を覆すのに十分な後世の史料は存在しないことになる。それでは、『日本書紀』の描くとおりに、山背大兄は入鹿の独断専行によって討たれたと断言できるのかといえば、決してそうではないと思われる。

それは、『日本書紀』のなかで、入鹿が山背大兄を滅ぼそうとしたのは、「独りで」「古人大兄皇子を天皇にしようと企てた」と記されているからである。「独りで」は、本当に「独断で」「一人で勝手に」という意味に解してよいのであろうか。

第三章で見たように、推古女帝の没後、大臣の蘇我蝦夷は「独断で次期大王を決定しようと考えた」と『日本書紀』に見えるが、この「独断で」とは決して単純な意味での蝦夷による独断専行を意味するのではなかった。群臣《まえつきみ》たちを統括する立場にあった大臣の蝦夷は、あくまで前大王の遺志を奉じ、それを忠実に実行することが第一にもとめられていたのであって、その実行にあたってはかならずしも群臣一人ひとりの意向をたしかめる必要はなかった、と考えられるのである。「独断で」とは、決して非難されるべき行為ではなかったといえよう。

それが間違っていなければ、入鹿が古人大兄を次期大王に擁立するために山背大兄を討滅しようとしたのも、たんなる彼の独断によるのではなかったことになろう。入鹿は事件の直前に、父蝦夷から大臣の地位を譲り受けていたから、彼は大臣として大王から指令を受け、それを実行に移す立場にあったと見られる。そのように考えるならば、蘇我入鹿に山背大兄の殺害を命じたのは、ほかならぬ大王、皇極女帝であったことになろう。

これは第二章で述べたことだが、六四五年六月十二日、朝鮮三国の使者を迎えての儀式で、古人大兄は皇極女帝の傍らに侍しており、この時点で彼は女帝を輔佐して外交を担当する地位に就いていたことになる。古人大兄がこの地位を得たのは、おそらく、彼を次期大王として推す入鹿が山背大兄を討滅した結果であり、入鹿による軍事行動に対する皇極からの恩賞の意味があったのではないかと思われる。

『日本書紀』は、皇極がこの事件にまったく無関係だったかのように描いている。しかし、彼女には山背大兄を亡き者にする明確な動機があった。

一つには、王位継承に関わる問題である。推古女帝が初めて実行し、後にそれが慣行とされたように、大王にはつぎの大王を指名し決定する権利があった。したがって、皇極の後継大王を決定するのは皇極本人だったことになる。次期大王の候補としては、かつて舒明天皇に次ぐ王位継承資格者だった山背大兄王を初めとして、皇極の同母弟の軽皇子や舒明の皇子である古人大兄らがいた。

山背大兄は王位継承順位という点では筆頭に位置したが、かつて舒明即位時に、彼が蘇我蝦夷を中心とする群臣たちに不当な干渉を行なったことが災いし、その即位の可能性は著しく低下していたのである。皇極個人としても、かつて夫の即位を妨害しようとした山背大兄の存在とその行動を個人的に許してはいなかったと思われる。

次期大王の決定にとって山背大兄は邪魔者以外の何者でもなくなっていたのである。皇極が入鹿に山背大兄の討滅を命じたのは、次期大王問題に決着をつけるには、山背大兄を亡き者にするという暴力的手段に訴えるよりほかにない、と判断したからであろう。

それに、山背大兄を討つもう一つの動機であるが、山背大兄がその父厩戸皇子の斑鳩宮と斑鳩寺を継承していたことが関係すると思われる。斑鳩の地には厩戸の手で東に宮殿、西に寺院を配置した都市空間が形成されていたが、それは皇極女帝が推古・馬子の構想を受け継ぎ、飛鳥において築き上げようとしている空間と同質のものであった。

飛鳥に大王家の本居地、王権の聖地を造ろうとしている彼女にとって、山背大兄の基盤である斑鳩の宮殿と寺院は、できれば否定・抹消したい対象であったに違いない。皇極は王権の聖域は飛鳥に一つだけあればよいと考えたのであって、王権の聖地を飛鳥に一本化するためにも、大臣の入鹿に山背大兄の討滅を命じたのではないかと思われる。

大臣の入鹿は、皇極女帝の命を忠実に実行した。その結果、入鹿が支援する古人大兄皇子の次期大王としての地位は確実なものとなった。彼は早晩、かつての厩戸皇子のように、女帝を輔佐し、外交に専任する地位と権限を授けられることになるであろう。


そして、政変は起きた……


だが、そうはさせまいとする人物が一人、息をひそめて事の推移を見つめていたのである。それが皇極女帝の同母弟、軽皇子であった。

彼は、父である茅渟王《ちぬのおおきみ》（押坂彦人大兄皇子《おしさかのひこひとのおおえのみこ》のむすこ）の勢力を引き継いで、後の和泉《いずみ》国和泉郡を中心とした一帯に基盤を有していた。そして、和泉郡やその周辺に本居地や基盤をもつ豪族たちと、地縁や姻戚関係などによって結び付くようになり、やがて彼を中核とする勢力・派閥を形成するに至ったのである。それは、蘇我入鹿のいとこにあたる蘇我倉《そがのくらの》山田石川麻呂《やまだのいしかわのまろ》を初めとして、阿倍内麻呂《あへのうちのまろ》、巨勢徳太《こせのとこた》、大伴長徳《おおとものながとこ》といった有力な豪族たち、蘇我氏の分家である高向国押《たかむくのくにおし》、それに渡来系の船恵尺《ふねのえさか》、僧旻《そうみん》、高向玄理《たかむくのげんり》といった面面であった。

軽皇子は世代も年齢も、古人大兄皇子より上であった。だから彼は、姉である皇極に対して、古人大兄を次期大王候補として女帝の輔佐役にしようとする決定に対し強硬に異議を唱えたと思われる。このままでは軽皇子は、古人大兄が即位への階段を上っていくのを指をくわえ見ていなければならない。

軽皇子は姉に向かい、古人大兄ではなく自分を次期大王にすることのメリットを懸命に説いたはずである。それは、結果的に皇極の心を動かした。一体それが何であったか、これに関しては後述することにしたい。山背大兄討滅という入鹿の功によって、古人大兄が次期大王候補として女帝輔佐の任に就くことはほぼ確定しているのだから、軽皇子はこれを覆すにはどうしたらよいかという問題に直面したはずである。

その答えが、六四五年六月十二日の早朝、飛鳥板蓋宮《あすかいたぶきのみや》で起きた政変であった。

この日、飛鳥板蓋宮の「大極殿《だいごくでん》」で朝鮮三国（高句麗《こうくり》・百済《くだら》・新羅《しらぎ》）の使者を迎えての儀式が執り行なわれた。皇極女帝が出御し、その傍らに古人大兄皇子が侍した。やがて大臣の蘇我入鹿もあらわれ、儀式が始まった。

この日こそ、次期大王候補として女帝を輔佐する「外相」古人大兄皇子の正式なお披露目の日であったと考えられる。そのような重要な日であったからこそ、古人大兄と蘇我入鹿は何の疑いもなく飛鳥板蓋宮に入ったのであろう。

儀式は朝鮮三国から大王への貢納品を報告するものであったらしい。軽皇子の与党、蘇我倉山田石川麻呂が貢納品の目録を読み上げた。入鹿を初め一同の注意がそれに向けられる。宮中に身を潜めた刺客たちは、息をひそめ入鹿に襲いかかる瞬間を待った。『日本書紀』の叙述を見てみよう（皇極四年六月戊申《ぼしん》条）。

倉山田麻呂臣は、表文《ふみ》を読み終えようとしているのに、子麻呂《こまろ》（佐伯連《さえきのむらじ》子麻呂）らが飛び出して来ないことが気掛かりで、体中から汗が吹き出し、声は乱れ、手まで震え出した。

鞍作臣《くらつくりのおみ》（蘇我入鹿）はそのようすを訝《いぶか》しんで、

「どうして、そのように震えおののいているのだ」

と尋ねた。山田麻呂はつぎのように答えるのが精一杯だった。

「天皇陛下の御前にいる畏れ多さに、不覚にも汗が止まりませぬ」

中大兄皇子は、子麻呂らが入鹿の威厳に圧倒され、彼に向かって踏み出そうとしないのを見て、

「やあ！」

と叫び、子麻呂らとともに一挙に飛び出て、剣で入鹿の頭と肩に斬りつけた。入鹿は驚いて立ち上がった。子麻呂は剣を振るい、その足を薙《な》ぎ斬った。入鹿は御座に這い

すすむと、

「王位をお嗣ぎになるのは天子であります。それがし、なぜこのような無体な仕打ちを受けねばならぬか分かりませぬ。どうか、真相をお調べくださいませ……」

と懇願した。天皇（皇極）は大いに驚いて、

「一体何事です！　何が起きたというのです！」

と口走った。中大兄は地に伏して、つぎのようにいった。

「鞍作めは王族を根絶やしにし、王位を奪おうと企んでおりました。どうして天孫が鞍作らに取って代わられてよいものでしょうか」

これを聞くと、天皇は立ち上がり、殿中に入ってしまった。子麻呂と稚犬養《わかいぬかいの》連《むらじ》網田《あみた》が入鹿に止めを刺した。

翌十三日、入鹿の父、蝦夷は何ら抵抗することなく甘樫岡《あまかしのおか》の邸宅で自殺、ここに蘇我本宗家はあっけなく滅亡した。そして、翌十四日になって皇極は突然、中大兄への譲位をいい出したとされているのである。

女帝は知っていた——政変の黒幕

『日本書紀』によれば、皇極女帝は中大兄に「一体何事です！　何が起きたというのです！」と下問しており、これが事実とするならば、彼女は入鹿殺害の計画をまったく知らされていなかったことになる。

『日本書紀』は、史上最初の生前譲位が、蘇我本宗家の滅亡を機に、あくまでも事の成り行きで、偶然に偶然が重なって実現したかのように描いている。換言すれば、何も知らされていなかった皇極が、目の前で起きた惨劇に衝撃を受け、そのため突如として譲位を思い立ったというわけである。

しかし、皇極が何も知らなかったというのは、最初から彼女をたんなる「中継ぎ」の大王と決めつけた上で、『日本書紀』の叙述をそのままなぞったにすぎない。先に述べた皇極女帝の即位事情や彼女が次期大王決定権を握っていたことなどから考えるならば、彼女が入鹿殺害計画にまったく関与していなかった、とはいえないだろう。

推古女帝が死去の間際に、次期大王を指名・決定するという画期的な成果を遺していることからすれば、二代目の女帝である皇極が、推古の達成を受け止め、権力者の不在、権力の空白の短縮・解消に向けて確実に一歩を踏み出すことは、十分に考えられることである。

入鹿暗殺の場面に関して明らかに事実とは異なる設定や修飾が見られることも、「女帝が何も知らなかった」ということを疑わせるに十分である。『日本書紀』では、蘇我入鹿は飛鳥板蓋宮のなかの「大極殿」で殺害されたことになっている。

飛鳥板蓋宮は檜皮葺《ひわだぶ》きの屋根をもつという点で前後に例のない画期的な宮殿であったが、その内部に「大極殿」に相当する建物があったとは考えられない。板蓋宮の中心区画は、東西一九三メートル、南北一九八メートル以上の規模と考えられており、それはⅢ期（後飛鳥岡本宮《のちのあすかおかもとのみや》・飛鳥浄《きよ》御原宮《みはらのみや》）の内郭よりも大きい。だが、区画全体が東側の丘陵に接近しているせいか、内郭を取り巻く外郭を設定するスペースが乏しかったようである。

後世の宮殿のように、大王の私的な空間と公的な空間とがまだ明確に分離していないのである。「大極殿」というのは、大王の私的空間と公的空間とがはっきり分離した上で、両者を結ぶ位置に形成された建物であったから、板蓋宮の段階で「大極殿」あるいはそれに相当する建物が存在したとは考えられない。

『日本書紀』の入鹿暗殺は、当時、実際には存在しないはずの「大極殿」を舞台にして描かれていることになる。舞台設定自体が疑わしい以上、そこで交わされたという会話の内容についても、すべてが事実であったとはいい切れないであろう。「一体何事です！何が起きたというのです！」という皇極の台詞《せりふ》は、当日、本当に現場で発せられたものかどうか、多分に疑わしい。また、斬りつけられた入鹿の台詞も、皇極の下問を受けた中大兄の回答を予想したかのような内容になっており、緊迫した場面にはまったく相応しくない。

これまでは、入鹿の暗殺に身を挺して活躍している中大兄皇子やその腹心の中臣鎌足が、『日本書紀』のなかでこの政変の首謀者のように描かれているので、それが疑いようのない事実であると考えられてきた。しかし、中大兄や鎌足らは刺客の一員にすぎず、仕損じれば落命しかねない非常に危険な役回りであったことを思えば、黒幕はかれら以外に別にいたと見なければならない。

中大兄や鎌足以外で、今回の政変に加担、あるいは協力したと思われる人物は、中大兄の叔父である軽皇子を領袖とする派閥の面々であった。実は鎌足も、当時はそのような派閥の一構成員にすぎなかったと考えられるのである。

入鹿暗殺に始まり蘇我本宗家の滅亡に終わった政変とは、王位継承資格をもつ軽皇子が、古人大兄の既得の地位と権限を武力によって否定し、それを奪い取ろうとしたものであったといえよう。それは、古人大兄の即位を支持する蘇我入鹿と蘇我本宗家を打倒し、古人大兄の擁立基盤を根こそぎ粉砕してしまおうという作戦であった。古人大兄の即位の可能性を否定する直接行動を起こすには、彼が正式に女帝輔佐の地位に就任するまさにその日、「外相」としてのデビューの日以外にありえなかったと思われる。

この軍事行動の中心人物、軽皇子の姉であり、政変に一刺客として加担している中大兄の母でもあった皇極が、これらの計画や作戦をまったく知らなかったとは考えがたい。政変の黒幕が軽皇子であるならば、皇極女帝も間違いなく計画に加担していたといってよいだろう。

予定されていた生前譲位

皇極女帝から軽皇子への譲位が、政変の直後、比較的スムースに実現していることから見れば、皇極女帝が軽皇子を中核とした政変の計画を事前に知っており、政変の目的が史上初の生前譲位の実現にあったと考えることは決して不自然ではない。

しかし、政変後に実現した譲位が、これまで計画的なものであったと見なされてこなかったのは、ひとえに『日本書紀』につぎのようなエピソードが伝えられていたからであった。それは『日本書紀』孝徳即位前紀の一節である。


天豊《あめとよ》財《たから》重日足《いかしひたらし》姫《ひめ》天皇（皇極）は王位を中大兄皇子に譲ろうと思い、中大兄に「云々……」といった。

中大兄は退出すると、直ちに中臣鎌足に諮った。すると鎌足は、

「古人大兄《ふるひとのおおえ》は殿下の兄君、軽《かる》皇子は殿下の叔父君です。今、古人大兄がいるのに、殿下が彼を差し置いて即位したならば、人としてあるべき年長者への慎みの心に背くことになりましょう。当面は叔父君を大王に擁立し、民の望みに応えるのが得策ではないでしょうか」といった。

中大兄はその献策を善しとして、その旨を密かに奏上した。そこで天皇は、王位の象徴である璽綬《みしるし》を軽皇子に授け、王位を譲ろうとして、「ああ、そなた軽皇子に、云々……」といった。

しかし、軽皇子は再三にわたって固辞し、古人大兄を推挙して、

「大兄命《おおえのみこと》は前天皇の皇子です。それに年齢も申し分がありません。この二つの理由から、王位を継ぐべきは大兄命のほかにおりませんでしょう」と述べた。

ところが、古人大兄は天皇の使者を迎えると、座から退き、逡巡しながら、拱手していった。

「吾は天皇の御命令には断じて背きません。しかし、どうしてまた、吾に王位を譲ろうなどと仰せられますか。吾が願いは出家の上、吉野に入り仏道の修行に勤め、天皇をお助け申し上げることのみ」

そういい終わると、古人大兄は佩刀を外し地に投げ打った。また舎人《とねり》たちに命じて、刀を棄てさせた。そして、みずから法興寺《ほうこうじ》（飛鳥寺《あすかでら》）の仏殿（金堂）と塔との間に行くと、そこで髭と髪を剃り、袈裟《けさ》を身に着けた。結局、軽皇子は断わることができずに、この日、高壇《たかみくら》に上り即位することになったのである。

『日本書紀』のこの話が事実だとすれば、政変が勃発した時点で、最も有力な王位継承資格者は文句なく中大兄だったことになる。中大兄以外の皇子、たとえば軽皇子の出る幕はほとんどなかった、といえよう。

しかし、この三人の皇子による王位譲り合いの話は明らかに『日本書紀』の捏造といわざるをえない。なぜならば、古人大兄が出家したのは、蘇我蝦夷が自殺した翌日の六月十四日などではなく、蝦夷が自殺する前であったと考えられるからである。

古人大兄の出家した場所は「法興寺の仏殿と塔との間」であり、彼が寺院の内部ではなく、あえてそのようなオープンスペース、すなわち何者かの視線を意識した場所で出家させられていることは無視できない。彼が出家した時点で、「法興寺の仏殿と塔との間」を見下ろすことができる甘檮岡で蝦夷らはまだ健在だったのであり、換言すれば、蝦夷らは政変を一挙に覆す可能性をなお保持していた、と考えるべきである。

蝦夷らは、古人大兄が出家し、政変を起こした勢力に無条件降伏したことを見せつけられ、彼を擁して戦う途が完全に塞がれたことを知って、それを機に一族滅亡という最悪のシナリオをえらんだということができる。緒戦の段階で入鹿を失なった蝦夷が、抵抗らしい抵抗を一切しなかったのはひとえにそのためであろう。

したがって、三人の皇子による王位の譲り合いという筋書きは、古人大兄の出家の日時を実際とは違う日時に移動することによって初めて成り立つということになる。三者による王位の互譲は実際にはなかったし、そのような混乱のもとになった皇極による突然の譲位表明も、事実としてはありえなかったと見られよう。

繰り返しになるが、政変の最終的な目標は軽皇子の即位であり、それには皇極女帝の譲位が不可欠の前提となる。皇極は政変の計画も、政変の成功によって王位を弟に譲り渡すことも、すべて承知していたと考えてよいであろう。

何が女帝を動かしたか

以上のように考えるならば、つぎに問題となるのは、皇極女帝がどうして軽皇子らによるこのような軍事行動を容認し、結果的にそれに協力すること（それは古人大兄と入鹿への裏切りでもあった）を決意したのか、ということである。先に保留した問題、皇極が、一度は次期大王に定めた古人大兄ではなく、弟の軽皇子に王位を譲ろうと翻意した、そのメリットとは一体何だったのだろうか。

皇極は夫である舒明天皇の遺志を結果的として引き継ぐことなく、百済を棄て飛鳥にもどり、推古女帝と蘇我馬子の企画・構想を継承して、飛鳥に大王家の本居地、王権の聖地を築き上げようとした。以前に蘇我入鹿に命じて山背大兄王を滅ぼしたのも、一つにはこの飛鳥の開発・建設という問題が大きく関わっていたのである。彼女の至上の課題が飛鳥の開発と建設にあったことは間違いない。

軽皇子は、おそらくその点を衝いたのではなかろうか。

彼とその勢力は後の和泉国和泉郡とその周辺にあり、かつて厩戸皇子が斑鳩に本居を定めて押さえようとした難波《なにわ》の地は、かれらの勢力圏内にあった。ちょうどその頃、中国で隋に取って代わった唐帝国の出現によって朝鮮半島には軍事的な緊張が高まりつつあり、中国・朝鮮との外交を能動的に展開していくためにも、政権の所在地は飛鳥よりも難波にあったほうが至便と見られた。

さらに、飛鳥の開発・建設という課題である。前に述べたように、皇極は夫の舒明とは違い、旧来の部《べ》の制度に依存せずに、国という領域を単位に、より大規模な労働力の徴発と編成を企てていた。同じ宮殿や寺院を造るのでも、それに投入する労働力の動員や編成

考えかたに大きな相違があった。

舒明と皇極のあいだには考えかたに大きな相違があった。

彼女には、一方で飛鳥の開発を推進し、それを完成させねばならないという課題があった。他方、飛鳥の開発のためにも、これまで以上に大量かつ円滑に労働力を動員する必要があり、そのためには部の制度を根本的に改造し、列島各地の民衆を領域によって把握・編成しなければならないという課題があった。皇極は二つの不可避の課題に直面していたことになる。大王として一人でこの二つの課題に取り組むのは極めて困難であって、どちらか一つを誰か信頼のおける血縁者に委ねる必要があったのである。

軽皇子は姉の皇極に対して、古人大兄ではなく自分を次期大王に指名してくれたならば、皇極には推古と馬子の遺志と構想を引き継ぎ、専ら飛鳥の開発と建設に取り組んでもらうことができる、と説いたのであろう。他方、懸案の変革のほうは自分がその勢力圏内にある難波に新たに拠点を築いて引き受けることが可能である、ということをアッピールしたのではないだろうか。後述するように、部の制度の改革を軸とした未曾有《みぞう》の変革を実施するには、たしかに飛鳥ではなく難波に拠点をもとめる必要があったのである。

ところが、蘇我蝦夷と入鹿は、王権の聖域、飛鳥を見下ろす甘檮岡の上に邸宅を造って、大王家との特別な関係を誇示することはできても、皇極に対して国政変革の明確なビジョンを示しえなかった。いわゆる難波遷都は、すでに入鹿が構想していたとする見解もである。だが、軽皇子とその勢力に較べれば、蘇我本宗家と難波との接点は乏しい。軽皇子が難波に拠点を遷したのも、入鹿と親交があったからだというのだが、すでに述べたように、両者の交流を物語るたしかな史料はない。

結局、皇極は弟の示した構想に魅力をおぼえ、それを採択したのである。こうして古人大兄と蘇我本宗家は、無残にも切り捨てられることになった。

彼女は、国を単位とした民衆からの労働力の動員・編成という、いまだかつてない政治的「実験」をすでに行なっていた。だが、大王が生前に譲位し、前大王と新大王とが権力のみならず課題や役割とを分担する体制を切り拓こうとしたことは、これまでに例を見ない画期的な「実験」であったといえるだろう。

第五章　飛鳥と、難波と——皇極・孝徳姉弟の契約

山田寺跡から発掘され、復元された東回廊の連子窓（1997年、奈良国立文化財研究所飛鳥資料館）。

写真提供・共同通信社

孝徳、難波へ

蘇我蝦夷《そがのえみし》が甘檮岡《あまかしのおか》で自決して蘇我本宗家が滅んだ翌日、六月十四日、軽皇子《かるのみこ》は即位の儀式を挙げ、孝徳天皇になった。

『日本書紀』は、孝徳がどこで即位礼を執り行なったのかを明記していない。新大王が宮殿以外の場所で即位したとは考えにくいので、彼が即位した場所は、やはり飛鳥板蓋宮《あすかいたぶきのみや》だったと見なすのが妥当であろう。飛鳥の南半分を占めるこの宮殿は、飛鳥という都市空間の中枢を成す建物であったから、ここで誕生した大王である孝徳は、推古・馬子らの遺志と構想を引き継いだ存在だったことになろう。

孝徳は即位するとすぐに、姉皇極とのかねてからの約束にしたがい、飛鳥を離れて難波《なにわ》の地に国政変革の拠点となる場所を物色し始めたようである。当時の難波は、現在の大阪市の地形とはだいぶ異なっていた。大阪平野の大部分が広大な淡水湖（草香江《くさかのえ》）であった。大阪湾と草香江を遮るように上町台地が存在したが、古墳時代に上町台地の北部に形成されていた砂堆が開いて難波堀江《なにわのほりえ》ができた。

政変から約半年後、六四六年（大化二）正月、孝徳はこの上町台地上にある難波の小郡《おごおりの》宮《みや》に拠点を定めた。小郡宮は子代離宮《こしろのかりみや》ともよばれ、大坂城跡の北にあったと考えられている。

小郡宮の小郡とは、行政区画ではなく、政府が設置した建物・施設のことである。大郡《おおごおり》が主として外交用の目的に使われたのに対し、小郡のほうは内政用の業務にあてられた。この小郡を宮殿に改造したのが小郡宮ということになる。

小郡宮が子代離宮とよばれたのはどうしてだろうか。子代離宮の前身は子代屯倉《みやけ》といった。

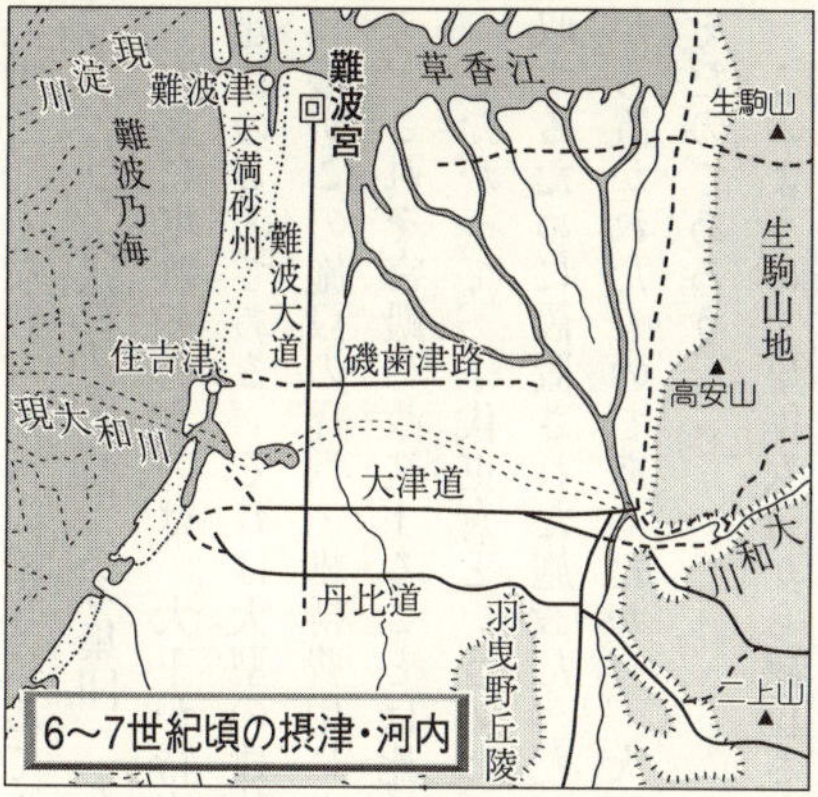

小笠原好彦『難波京の風景』(文英堂、1995) より

まず、子代離宮の子代とは、大王や王族に貢納・奉仕を行なう部《べ》集団のことを指すことばで、「子のためのもの」という意味である。この場合の子とは皇子《みこ》を指すのではなく、大王宮に仕える舎人《とねり》や膳夫《かしわで》といった職員のことを意味した。王宮の主人である大王を親、彼に仕える職員を子になぞらえたわけである。

特定の大王宮に付属する部集団からの貢納や奉仕は、実際には舎人・膳夫といった王宮の職員、すなわち子への給与にあてられることがあるのをとらえ、このような部のことを「子のための給与を負担する集団」という意味で子代とよんだのである。

つぎに屯倉というのは、大王が特定の地域を支配するために、その拠点として設置した建物のことである。それは大型の建物と倉庫から成っており、その周囲にある水田からの収穫がこの施設の経営・維持費用にあてられた。屯倉はそのような大型の建物であったから、これを宮殿に改造することは比較的に容易だった。

したがって、子代屯倉というのは、特定の大王宮に仕える舎人や膳夫に対する給与を徴収するために設置された施設だったことになる。そのような官舎は明らかに内政上の必要から置かれたものであったから、大郡・小郡の区別でいえば、小郡とよばれることもありえたのであろう。

このように、皇極女帝から譲位された新大王孝徳は、飛鳥を離れ難波に拠点を設けるにあたり、難波にもともと置かれていた内政用の官舎、小郡＝子代屯倉に改造の手を加えて、これを小郡宮＝子代離宮とした。そして、ここを難波における拠点、すなわち改革の推進本部に定めたわけである。

後述する国政改革の綱領というべき「改新之詔《みことのり》」が発布されたのは、この小郡宮＝子代離宮においてであった。難波のこの宮殿は、旧官舎を再利用して作られたものであったとはいえ、「改新之詔」のなかで目標とされた変革の実施にとって、必要不可欠の舞台だったのであろう。

同年二月、孝徳は小郡宮＝子代離宮からいったん飛鳥板蓋宮にもどっている。それは、小郡宮＝子代離宮が宮殿としては未完成で、なお改造中であったことから、種々の不便を避けるために飛鳥に一時もどったと考えられる。しかし、後述するように、前大王皇極は飛鳥に残って、飛鳥の開発・建設に取り組んでいたようであるから、孝徳は今後の改革について相談するために、姉がいる飛鳥に赴いたのかも知れない。

難波長柄豊碕宮の出現

その年の九月、孝徳は蝦蟇行宮《がまのかりみや》（離宮）に遷っているが、これは小郡宮＝子代離宮の一部であった可能性がある。翌六四七年には、小郡宮＝子代離宮において宮中での礼法を定め、これを公表している。

そして、六四八年正月、朝賀の儀式があった日の夕べに、孝徳は難波碕宮《なにわさきのみや》に行幸したという。これは小郡宮＝子代離宮とはまったく別の宮殿である。孝徳は小郡宮＝子代離宮が完成して間もないのに、新たに難波碕宮を建造しようとしたことになる。これは、彼が主導する変革が新しいステージに入ったことに対応しているようである。

六五〇年（白雉《はくち》元）正月には味経宮《あじふのみや》に行幸し、そこで朝賀の儀式を行なったが、この味経宮というのは難波碕宮のことを指していると思われる。孝徳は、その日のうちに小郡宮＝子代離宮に帰った。

翌六五一年（白雉二）十二月晦日《みそか》には、味経宮＝難波碕宮で二千百人余りの僧尼を招いて一切経《いっさいきょう》を読ませている。この日の夕べ、二千七百余りの灯を朝庭に灯し、安宅《あんたく》・土側《どそく》などの経が読まれた。

孝徳はこれ以前、大郡宮《おおごおりのみや》に一時居所を移していた。大郡宮とは、難波にあった外交用の施設・建物である大郡を宮殿に改造したものである。孝徳はその大郡宮から新宮（味経宮＝難波碕宮）に入り、これを「難波長柄豊碕宮《なにわながらとよさきのみや》」と命名した。「長柄豊碕」とは、宮殿のある細長く伸びた上町台地の北の先端部をあらわしているのであろう。

六五二年（白雉三）正月、元日の礼が終わると、孝徳は大郡宮に行幸している。同年三月、孝徳は難波長柄豊碕宮に帰ったが、それから半年後の九月には難波長柄豊碕宮の造営が完了した。『日本書紀』には「その宮殿のすばらしさは説明し尽くすことができない」と記されている。

大阪市中央区法円坂の難波宮跡のうち、前期の遺構が難波長柄豊碕宮跡であると考えられている。遺跡上層の後期難波宮は、奈良時代に聖武《しょうむ》天皇が造営した難波宮跡ということになる。

前期難波宮の宮域は一辺七四〇メートル四方、または東西幅を六〇〇メートル前後とする説、東西約六〇〇メートル、南北約五三〇メートル程度と見なす説などがある。

遺構は巨大な内裏南門《だいりなんもん》によって南北に区切られる。北側のスペースには軒廊で結ばれた内裏前殿と内裏後殿がある。内裏南門の東西にはそれぞれ複廊で囲まれた一郭があり、その内部には古代の宮殿には異例の八角形の楼閣が存在した。後世の大極殿《だいごくでん》に相当すると思われる内裏前殿と内裏とがいまだ分化していないという特徴をもっている。

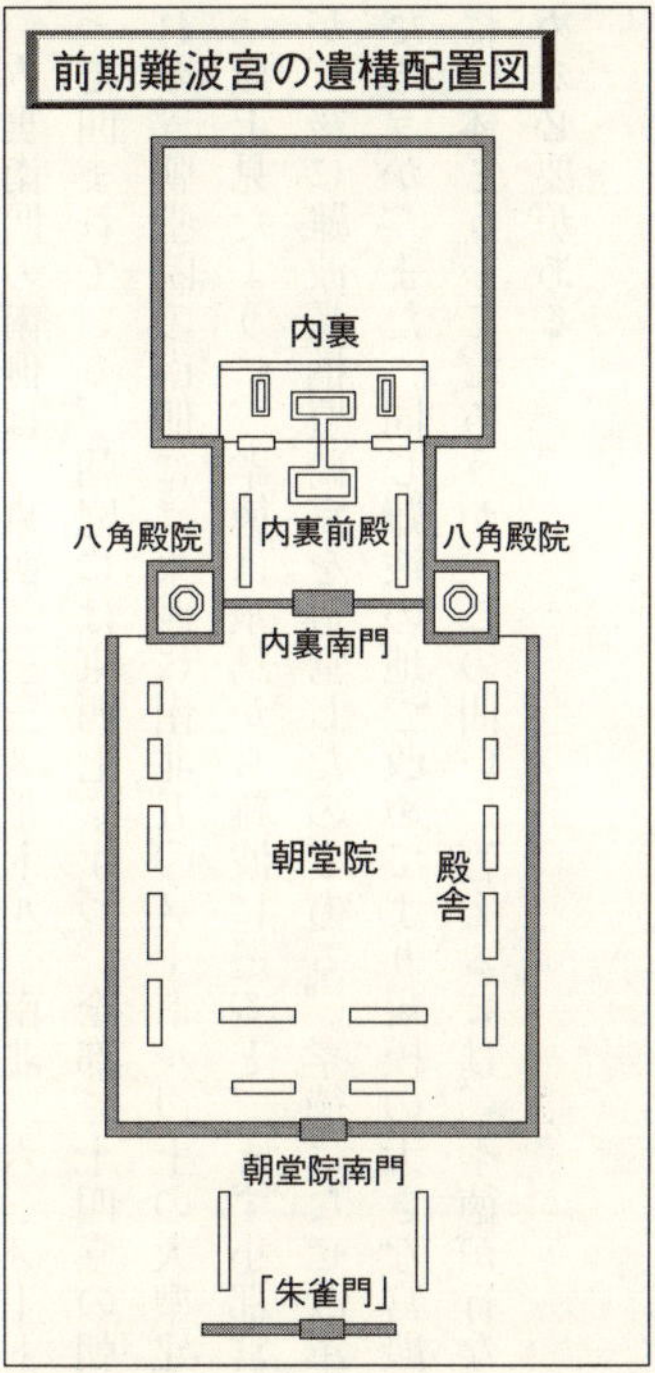

八木久栄「難波宮」『季刊考古学・別冊5 古代都市文化と考古学』(雄山閣、1994)より

内裏南門の南側は、東西二三三メートル、南北二六三メートルの広大な朝庭が複廊によって囲まれている。朝庭には東西七堂ずつ、全部で十四堂の朝堂が配置されていたと見られる。朝堂院の南側には東西に南北五〇メートル以上の大型建物跡が確認されている。
以上見たように、孝徳は飛鳥から難波に遷ると、まず小郡宮＝子代離宮に本拠をおいたが、後に難波長柄豊碕宮を造営したのである。孝徳はなぜ改革の拠点を難波にもとめたのだろうか。また、同じ難波の地で改めてより規模の大きな宮殿を造営することになったのは一体どうしてだろうか。この問いに答えるには、孝徳が行なった国政改革の実態を見極める必要がある。

「改新之詔」——改革の主眼とは?

『日本書紀』によれば、孝徳天皇は六四六年の元旦、朝賀の礼の後に「改新之詔」を発布したという。いよいよ、孝徳による変革の全貌がヴェールを脱いだ。それは、全四箇条より成るものであった。

【第一条】
子代の民と屯倉《みやけ》、部曲《かき》の民と田荘《たどころ》を廃止し、大夫《まえつきみ》に食封《じきふ》、官人《つかさ》・百姓《おおみたから》には布帛《きぬ》を賜わる。

【第二条】
京師《みさと》を造営し、畿内国《うちつくに》の司《みこともち》・郡司《こおりのみやつこ》・関塞《せきそこ》・斥候《うかみ》・防人《さきもり》・駅馬《はいま》・伝馬《つたわりうま》を設置し、鈴契《すずしるし》を造り、山河により行政区画を画定する。

【第三条】
戸籍・計帳・班田収授法を造る。

【第四条】
旧い税制を廃止して、田調《たのみつき》などを施行する。

第一条を除けば、各条は改革の本旨を簡潔に述べた主文と、それを補足説明した副文(凡条《はんじょう》)から成る。これが本当に六四六年に発布されたとするならば、第二条に国司・郡司・駅馬・伝馬の制度、第三条には戸籍・計帳・班田収授法など、律令制の根幹をなす諸制度の設置が述べられているので、この時すでに、律令制にもとづく国家体制が構想され、その建設が目標として掲げられていたことになる。

「改新之詔」が当時のものかどうか、すなわち大化改新があったか否かが真剣に議論されたのは、孝徳の変革が律令制国家の起点といえるかどうかを見定めるためであった。しかし、主文はともかくとして、副文とくに第二・第三条の副文は、七〇一年に施行された大《たい》宝令《ほうりょう》という体系的な法典の一部とまったく同文であるか、またはそれに酷似しているのである。これは、『日本書紀』の編纂者が「改新之詔」を『日本書紀』に掲載するにあたり、大宝令の文によって修飾を加えた結果と見なすのが、現在のところ最も妥当であろう。

各条の副文が大宝令文と同じかどうか、似ているかどうか、また、各条の副文が主文の補足説明として妥当なものであるか否か、さらに各条の主文の内容がどのようなものであり、その表現形式にはどのような特徴があるか、などの諸点を検討してみるならば、「改新之詔」は大きく二つのグループに分けることができる。第一条・第四条のグループと、第二条・第三条のグループである。

「子代の民」「部曲の民」といった部と「屯倉」「田荘」という施設の廃止を述べた第一条は、これまで当時のものとしては最も疑わしいといわれてきた。それに対し第四条は、律令制段階とは異なる税制度が規定されており、七世紀半ばのものとして相応しいと考えられてきた。だが、その評価がまったく相反する第一条と第四条こそが、当時実際に発布された可能性が高いものということができる。

部とは、前にも述べたように、大王や王族に対する貢納・奉仕を負わされた民衆の集団のことで、「屯倉」「田荘」とは各地に置かれ、部からの貢納や奉仕などを統括する官舎・施設のことであった。大王や王族は部からの貢納・奉仕によってその豪奢な生活を維持しており、大王のもとに結集した豪族たちの多くは、部を統率・管理する仕事を担当・世襲し、それによって政府部内での地位が決められていた。

したがって、部や「屯倉」などの制度を廃止してしまったならば、大王・王族を中心にした政府に入る収益が一切なくなってしまうことになる。そこで第一条を出した以上は、廃止した部の制度に代わって政府に収益をもたらす税制を創設する必要があったはずである。第一条が実際に出されたならば、そのアフターケアとして第四条の発令は当然のことであろう。他方、第四条が当時発布されたことがたしかならば、その前提として第一条も出されていなければおかしい。

このように、「改新之詔」のうち、第一条・第四条が孝徳天皇によって実際に発布されたものであり（問題はその発布の時期である）、第二条と第三条は、第一条と第四条の内容や形式をふまえて後に造作されたものと考えられる。これが第一条と第四条のあいだに挿入されて、『日本書紀』に見える「改新之詔」が出来上がったのではないだろうか。

皇極天皇は、百済大寺《くだらおおでら》の造営や自身の飛鳥板蓋宮の建設などを通じ、旧来の部の制度をもとにした民衆からの労働力の徴収に大きな限界があることを痛感し、それに代わって国という領域を基盤にした労働力編成を構想するようになったと前に書いたが、このことは「改新之詔」に対する上記の解釈からも確認できるといえよう。少なくとも、第二条・第三条で述べられているような律令制の諸制度を定めることが、皇極の眼前に取り組むべき課題として存在したとは考えがたいのである。

氏の名前が消える？――孝徳の変革①

それでは、部の制度を廃止するには一体どうしたらよいであろうか。

従来は、「改新之詔」の第三条に民衆の人身を個別に把握・登録する戸籍や計帳の制度の施行が規定されていることに着目し、個々の部に編成されていた民衆を大王・王族や豪族の支配から解き放ち、かれらを戸籍・計帳に登録することによって国家の直接支配下におくことで、部の制度の廃止が可能であると考えられてきた。だが、第三条が当時実際に出されたものとは見られない以上、部の制度がそのような手続きで廃止できたとはいえないであろう。

先に、大王や王族の生活を支える部は、それぞれ特定の豪族によって世襲的に管理・統率されてきたと述べたが、部の制度を廃止するには、何よりも先に、これら豪族をこのような世襲の仕事から解放し、新たに別の業務をあたえる必要があったと思われる。かれら豪族は、部の制度を廃止する代わりに制定された新税制によって民衆から徴収された物資の分配を受け、国家機構の運営にあたる官僚に転身していくことになったのである。

孝徳の政権が、部に編成されていた民衆の地位・身分の変更よりも、部を統率・管理する豪族の地位・身分の変更から先に着手したことは、つぎの『日本書紀』大化二年八月癸《き》酉《ゆう》条に見える詔勅（「品部《しなべ》廃止の詔」とよばれる）からも明らかである。その一節を示そう。

現在、天下を統治している天皇より始まって臣《おみ》・連《むらじ》らに至るまで、それぞれ所有している品部はすべて廃止し、国家の民とする。過去の天皇の名前をウジナにしている伴《ともの》造《みやつこ》ども、天皇に対する始祖以来の奉仕の内容をウジナとしている臣・連ども、かれらのなかには朕《われ》の考えを深く理解できずに、急にこのようにいい出したことを聞いて、「われらのウジナが消えてなくなってしまうのではないか！」と早合点する者もあらわれるであろう。そこで、朕の考えるところを申し聞かせる。王者の子孫が相次いで王位を継ぎ、天下を統治していくならば、時の天皇の名前と歴代天皇の名前とは、永遠に忘れ去られることはないのだ。

たとえば、白髪《しらか》という名をもつ大王・王族に貢納・奉仕する部（白髪部《しらかべ》）を統率・管理してきた豪族、白髪部連《むらじ》や白髪部首《おびと》らの場合、部の制度が廃止されれば、当然、白髪部もなくなってしまうわけだから、かれらが一族の呼称として代々名乗ってきた白髪部は今後どうなってしまうのだろう、と本気で心配する者があらわれるのはたしかに考えられないことではない。

他方、忌部首《いんべのおびと》という豪族がいる。この一族は祭祀のさいの供進具を調達する忌部という祭祀集団を統率・管理するのを世襲の仕事としており、それは、一族の始祖である天太玉命《あめのふとだまのみこと》以来、綿々と引き継がれてきたと見なされていた。忌部という一族の呼称には、この一族がこれからも永遠に行なっていくであろう、始祖以来の由緒ある仕事があらわされているのである。部の制度が廃止され、忌部も消滅してしまえば、この由緒ある名称は一体どうなってしまうのだ、そう懸念する声が孝徳の耳にも届いたのであろう。

そこで孝徳は、はっきりと宣言したのである。たとえ部の制度を廃止したとしても、白髪部や忌部などの一族の呼称は決してなくなりはしない。それは、大王の位がその子孫によって永遠に継承されていくのと同じように、未来永劫にわたって消滅したりはしないのだ、と。

現に、孝徳の手で部の制度には終止符が打たれたが、蘇我・阿倍《あへ》・巨勢《こせ》・平群《へぐり》・大伴《おおとも》・物部《もののべ》・中臣《なかとみ》・土師《はじ》などの豪族の呼称は、この後もたしかに存続していった。これら呼称が生まれる背景となった制度そのものが解体され、なくなったにすぎないのである。

孝徳は部の制度の廃止という一大変革を、飛鳥ではなく難波に遷って断行したわけだが、それは一体どうしてであろうか。

その答えとしては、やはり、飛鳥がこのような改革の拠点としては不向きであったということであろう。なぜならば、部の統括・管理にあたってきた豪族たちの多くが、歴代の大王宮の周辺に居宅を営み、その居宅を拠点に世襲の仕事を行なってきたと考えられるからである。孝徳は、豪族たちの世襲の仕事自体を廃止しようとする以上、かれらが世襲の仕事を行なってきた居宅の集中する磐余《いわれ》や飛鳥の周辺からかれらを思い切って引き離し、まったく新たな場所に拠点となる居宅をあたえる必要がある、と判断したのであろう。

孝徳とその支持勢力は、後の和泉《いずみ》国とその周辺に基盤を有していた。和泉の北に拡がる難波の地こそは、中国や朝鮮半島につながる国際的な玄関口でもあり、抜本的な国政改革を断行する基地として、さらには磐余や飛鳥の周辺から引き離された豪族たちに新しい本居をあたえる地域として最適の場所だった。孝徳が即位早々に飛鳥から難波に遷り、小郡宮＝子代離宮に改革の本部を据えたのは、難波のこのような特性に目を着けたからにほかならないだろう。

熾烈化する猟官運動――孝徳の変革②

部の制度の廃止は大王とその周辺だけにとどまらず、地方にまで波及することになった。というよりも、部の制度は列島の各地に住む豪族や民衆まで編成していたから、部の制度を解体する以上は、その基底をなす地方の変革も避けて通れない課題であったといえよう。

孝徳が改革に着手する以前、列島の各地には国とよばれる行政単位が存在し、その地域の有力豪族が国造《くにのみやつこ》に任命されその支配にあたっていた。『隋書《ずいしょ》』倭国伝によれば、推古天皇の時代には百二十ほどの「軍尼《くに》」（国=国造）があったという。

孝徳はこれらの国を分割、あるいは統合して、新たに評《こおり》とよばれる地方行政の拠点となる施設を設置していった。各地にあって部を末端で統率・管理する業務を世襲していた豪族たちは、その世襲職を取り上げられ、代わりに評の管理・運営にあたる官僚（評造《こおりのみやつこ》・評督《こおりのかみ》という）になるチャンスをあたえられることになったのである。

評の官僚には、地方行政に経験と実績のある者が優先的に選出されたようである。その審査は極めて厳正なもので、国造の地位を世襲してきた一族の出身でも、評の管理・運営に不向きと判断された場合には、容赦なく落選の憂き目を見た。そのため、何とか評の官僚の地位を得ようと猟官運動が熾烈なものとなった。

孝徳は一連の行政改革の実施にあたり、事前調査を目的に東国に使者（国司《こくし》）を派遣したが、その使者たちに向かい、つぎのように訓令したという（『日本書紀』大化元年八月庚子《こうし》条）。

もし、地位や名声をもとめる者がいて、もともと国造や伴造《とものみやつこ》・県稲置《あがたのいなぎ》などの地方官を務めた経験や実績もないのに、いとも簡単に詐称して、「われらの先祖の時より、この官家《みやけ》を管理・運営し、この郡県の支配にあたってまいりました」と申し出る者がいたとしても、汝ら国司はそれを真に受け、そのまま朝廷に報告することのないように。

「国造」や「伴造」「県稲置」とは、かつて大王の命令・委任を受けて地方の支配にあたっていた役職である。そのような役職歴のない者までが、経歴を詐称して評の官僚の地位を得ようとしていたことになる。列島の各地で猟官運動がエスカレートしていたようすがよく分かる。

各地に派遣された使者たちは、評の官僚を選任するための予備審査、候補者や関係者からの事情聴取などの任務を義務づけられていたが、最終的な決定権は大王である孝徳に委ねられていた。評制の施行に伴ない、評の官僚の候補者たちが大王による審査を受けるため、各地から陸続と難波に押し寄せるという事態が生ずることになったのである。

それに加えて、一つの評の官僚のポストをめぐって複数名が競合するような場合、そのための訴訟も各地で多発していたようである。孝徳が各地に遣わした使者は、このような訴訟を裁断する権限をあたえられていなかったから、大王による判決を受けるため、やはり関係者たちが難波に詰め掛けることになった。

『日本書紀』大化二年二月戊申《ぼしん》条によれば、それに対し孝徳はつぎのように述べている。

> ここに集まり侍る者どもには多くの訴えたい旨があると聞く。朕は今、それらを裁決しようと思う。判決をよく聞くがよい。納得のいかないことを何とか解決しようと上京した者どもは、しばらくのあいだ帰国せず、朝庭にて待つように。

このように、評制の施行をめぐって発生した諸問題は、すべて難波において解決されることになった。孝徳が住まう小郡宮《おごおりのみや》＝子代離宮《こしろのかりみや》程度の宮殿では、これら大勢の上京者をすべて収容することはもちろん、かれらを厳正に審査したり、その訴えを慎重かつ円滑に聴取し、裁決を下すのは極めて困難であったに違いない。

列島規模で評制の施行が始まったのは、六四九年（大化五）頃と考えられている。先に見たように、孝徳が難波において改めて大規模な朝堂院スペースをもつ難波長柄豊碕宮の造営を開始したのは、その前年、六四八年初頭であった。評の官僚の審査やそれをめぐって起きるであろうトラブルに対処するには、小郡宮＝子代離宮が手狭になることが予想されたので、新たに大きな朝堂院をもつ宮殿を造営することになったと考えられるであろう。

孝徳による変革の要点をまとめれば、つぎのようになる。

難波は、孝徳が皇極から委ねられた国政変革の拠点としてえらばれた地域であり、まずは小郡宮＝子代離宮において部の制度の解体、その第一歩として部の制度の上部にあった豪族たちが世襲していた仕事を奪い、代わりにかれらを官僚へと転身させる変革が始められた。難波が変革の基地にえらばれたのは、豪族たちの世襲職を否定する以上、かれらが世襲職執行の拠点としてきた居宅からかれらを引き離す必要があったからであった。

ついで六四九年前後より、部の制度を末端で支えてきた豪族たちの世襲の仕事を否定し、かれらを評の制度という新しい地方行政組織のなかに編成する改革が開始された。これを円滑に推進するためには、従来より格段に大きなスペースをもった宮殿が新たに必要になり、難波長柄豊碕宮が造営されることになったのである。

その時、女帝はどこに？

孝徳が難波を拠点に国政の変革をすすめている頃、前大王となった皇極は一体どこにいたのであろうか。

従来は、後に六五三年、彼女がむすこの中大兄皇子《なかのおおえのみこ》に奉じられて難波《なにわ》から倭京《やまとのみやこ》すなわち飛鳥に帰ったとされているので、それまでは孝徳とともに一貫して難波にいたと考えられてきた。しかし、すでに述べたように、皇極が弟の孝徳に位を譲るとともに彼に国政の改革を委ね、彼女自身は年来の課題としていた飛鳥の開発・建設にあたることになったことを考えれば、彼女が時に難波に赴《おもむ》くことがあったとしても、拠点そのものはやはり飛鳥にあったと見るべきであろう。

そのように考えるのは、一つには、皇極が再び王位を継承して斉明《さいめい》天皇になった時に、小墾田宮《おはりだのみや》を瓦葺《かわらぶ》きにしようと企てて失敗しているからである。小墾田宮は、飛鳥の開発を企画した推古女帝が、飛鳥建設の拠点とした宮殿であった。再び王位に就いた皇極が、すぐさまこの宮の改造に取り掛かっていることは、彼女が推古の先例にならい、小墾田宮を拠点に飛鳥の建設に取り組もうという意志をもっていたことを物語っている。と同時に、彼女が退位後、再び即位するまでのあいだ、この宮殿とまったく無縁ではなかったことを示しているといえよう。

さらに、六四九年三月に起きた蘇我倉山田石川麻呂《そがのくらのやまだのいしかわのまろ》の謀反事件に関する『日本書紀』の記述から、皇極が飛鳥に、具体的には小墾田宮にいた可能性を読み取ることができる。

『日本書紀』によれば、右大臣《みぎのおおまえつきみ》・蘇我倉山田石川麻呂の異母弟、日向《ひむか》が、中大兄皇子に対し、麻呂が中大兄暗殺を企てていると密告におよんだのが事件の発端であった。中大兄は事の真偽をたしかめることなく、これを直ちに孝徳天皇に奏上した。孝徳は使者を麻呂のもとに遣わし、真相を説明するようにもとめたが、麻呂は頑なに返答を拒否し、孝徳に直答する旨を述べた。孝徳は再度、使者を遣わしたが、麻呂の態度に変化はない。

業を煮やした孝徳は、ついに兵を遣わして麻呂を捕縛しようとしたのである。だが、麻呂は間一髪で難波の居宅を脱出した。以下は『日本書紀』の叙述を見てみよう。

> 大臣（倉山田石川麻呂）は、二人のむすこ、法師《ほうし》と赤猪《あかい》を連れて、茅渟道《ちぬのみち》を通って倭《やまとの》国《くに》の境まで逃げた。大臣の長子である興志《こごし》は、これ以前より倭の山田にいて、寺院（山田寺）の造営にあたっていた。俄に父たちが難波から逃げて来たことを聞き、今来《いまき》の大槻《おおつき》のもとまで出迎えに行き、父一行を先導して山田寺に入った。その途次、興志

は大臣に振り返って、

「父上、それがしに追討軍を迎え討つことをお許しください」

といった。しかし、大臣は首を縦に振らなかった。

この日の夜、興志は宮殿（小墾田宮）を焼き打ちにしようと考え、兵士を集めた。

注目されるのは、麻呂のむすこで抗戦を主張する興志が、小墾田宮の焼き打ちを企てていたことである。

麻呂に徹底抗戦の意志はなく、だからこそ彼は難波から飛鳥に逃げて来たようである。その麻呂にとって小墾田宮は決して焼いたりなどしてはならない建物なのであり、その意味で彼の無実を証明し、孝徳と彼との関係を調停してくれる人物がそこにいたことが考えられる。麻呂が難波を脱して飛鳥にやって来たのは、小墾田宮の主人に助けをもとめるためだったのかも知れない。

それに対し興志のほうは、父の意志に反して、父麻呂を追い詰めようとしている勢力に一矢報いようと考えていた。その彼の目から見れば、父をここまで追い詰めた人物の片割れ、またはその人物に大変親しい立場の人物が小墾田宮にいたことになる。小墾田宮は、興志が造営の指揮を取っていた山田寺とは至近距離にあった。血気にはやる彼がその襲撃を計画したのも分からないことではない。

麻呂が身の潔白を証明してもらおうとした人物、興志が父の無念を晴らすべく攻撃を加えようとした人物、小墾田宮にいたと思われるその人物とは、やはり前大王、皇極と見なすのが最も妥当ではないかと思われる。

以上見たように、孝徳が難波で改革に取り組んでいた時期、皇極が前大王として、飛鳥の建設に専念するため飛鳥に拠点をおいていたとするならば、結局、皇極は麻呂を見殺しにしたことになる。改革をすすめる過程で大王孝徳と確執を深めた麻呂は、孝徳に国政の変革を委ねた前大王の皇極にすべてを託そうとして飛鳥にもどったのだが、非情にも彼女はついに動かなかったのである。

『日本書紀』によれば、麻呂は自殺する直前、つぎのように語ったという。


臣下たる者、どうして君主に逆らうことがあろう。どうして父への孝行を忘れようか。この伽藍《がらん》（山田寺）は吾独りのために造ったのではない。天皇陛下のためにお造り申し上げたのだ。今、吾は身刺《むさし》（異母弟、日向のこと）めに讒言《ざんげん》されて、不当な容疑を受けたまま死ぬることだけが無念だ。せめて、忠誠心を失なうことなく黄泉国《よみのくに》に罷りたい。この寺にやって来たのは、吾が最期を安らかなものにしたいからである。

麻呂とその一族は、孝徳が派遣した追討軍が到着する前に、山田寺で自決して果てた。麻呂のことばは、難波にいる孝徳へのダイイング・メッセージだったと思われるが、小墾田宮にいた皇極女帝に向かって発せられたものだったと見ると、胸に深く響くものがある。

飛鳥へ帰る時——見棄てられた孝徳

難波長柄豊碕宮が完成した翌年、六五三年のこと。中大兄皇子が孝徳に対し、ある提案をした。これについて『日本書紀』白雉《はくち》四年是歳《ことし》条はつぎのように記している。

皇太子（中大兄）は奏上して、つぎのようにいった。

「倭京《やまとのみやこ》に遷りたいと思います」

天皇はこれを許さなかった。すると皇太子は、皇祖母尊《すめみおやのみこと》（皇極）と間人皇后《はしひとのきさき》を奉じ、さらに皇弟《すめいろど》らを率いて、倭京に赴き、飛鳥河辺行宮《あすかかわはらのかりみや》に入った。この時、公卿大夫や百官人らが皆これにしたがった。天皇はこれを恨み、王位を譲ろうと考えて、宮殿を山碕《やまさき》に造営させた。そして、歌を間人皇后に贈った。それは、

「鉗《かなき》着け　吾が飼ふ駒は　引出《ひきで》せず　吾が飼ふ駒を　人見つらむか（鉗を着け吾が大切に飼っていた駒　厩《うまや》から引き出しもしないで大切に飼っていた駒　どうしてそれを他人が見たのか）」

というものであった。

どこに都を置くかをめぐり、大王孝徳と有力な王位継承候補の中大兄皇子との対立が決定的となり、中大兄はおのれの意志を強硬に実行に移してしまったのである。これを、難波と飛鳥とに王権が分裂するという深刻な事態と考える人もいる。

しかし、中大兄は前大王である母と現大王の大后だった妹という王権中枢を構成する肉親二人を奉ずることによって、初めて自分の意志を実現できていることに留意する必要があろう。「孝徳対中大兄」という単純な対立の構図では真相はとらえ切れない。

ちなみに、間人皇女を難波から連れ去ったのは中大兄だと見られている。それは、『日本書紀』に孝徳が間人に贈ったという自作の歌が載せられており、その歌の解釈によっては、中大兄と間人とのあいだにただならぬ関係があったことになるからであった。間人皇女は男女の関係にあった兄にしたがい、結果的に夫である孝徳を見棄てたのだと考えられてきた。

だが、皇極と間人は、後に中大兄の手で合葬されており、その意味で両者は政治的に一体の関係にあると見なされていたようである。二人が、いわば一卵性母娘ともいうべき間柄であったことを思えば、間人は兄にではなく、むしろ母にしたがって飛鳥に去ったと見なすのが妥当であろう。

ところで、六五三年になって生じた、前大王が飛鳥に、そして現大王が難波にいるという事態であるが、これは特別に異常な事態でも何でもない。六四五年六月に史上初の生前譲位が実現しているのだから、前大王と現大王とが居所を異にして権力を分掌し合うことは、すでに予測されていた事態であった。ましてや、前大王の皇極が飛鳥の建設に専念すべく飛鳥にあり、皇極から位を譲られた孝徳が難波を拠点に国政の改革に取り組むということは、両者にとって了解ずみのことであり、さしたるトラブルもなくそのような体制でおよそ十年が経過したのである。

そうだとするならば、六五三年になって、どのような亀裂が両者間に生じたというのであろうか。また、孝徳が憤慨しているのは、一体どうしてなのか。

皇極は前大王として飛鳥の開発・建設に取り組み、他方、現大王の孝徳は難波を拠点に国政の改革を推しすすめるというように、この姉弟は、王権が解決すべき二つの重要な課題を分担し合う関係にあった。皇極が孝徳に位を譲ったのは、あくまでも彼に懸案の国政改革の実行を委ねるためにほかならなかった。

先に見たように、中大兄が提案した「倭京に遷ろう」というのは、難波にいた前大王皇極が飛鳥にもどる、といった単純な話ではありえない。なぜならば、これ以前より彼女は基本的には飛鳥にいたと考えられるからである。「倭京に遷ろう」とは、王権が解決すべき二つの課題のうち、今後は、倭京すなわち飛鳥の建設のほうを優先課題にすべきである、という意味ではないだろうか。

そもそも、孝徳の即位が最初から国政改革の実行を条件としたものであったとするならば、この優先課題の転換は、孝徳から皇極への王位の返上を意味した可能性がある。すなわち、国政の変革がある程度軌道に乗り、達成の目処《めど》が立ったと判断された時点で、孝徳から皇極への譲位が政治日程に上ることは、決してありえない話ではないだろう。『日本書紀』には「天皇はこれを恨み、王位を譲ろうと考えて、宮殿を山碕に造営させた」と記されている。皇極による史上初の譲位が実現して間もないこの時期に、結果的には実現しなかったとはいえ、ほかならぬ孝徳の口から譲位の可能性が語られたというエピソードは軽視できない。

あるいは、六四五年六月に皇極が孝徳に王位を譲渡した時すでに、これらのこと、すなわち国政の変革が所期の目標を達成したならば、孝徳から皇極にかならず王位を返還する、といったことは両者間で話し合われ、一定の合意が成立していたとも考えられる。それにも拘わらず孝徳が憤慨したというのは、彼にとって改革はまだまだ道半ばであって、今ここでこの課題から離れること（すなわち、彼が王位を退くこと）はどうしても了承しがたかったのであろう。

だが、皇極は弟のこの主張に耳を傾けなかったのである。

かつて彼女は、一度は次期大王候補に指名した古人大兄皇子《ふるひとのおおえのみこ》やその後援者、蘇我入鹿《そがのいるか》らを平然と裏切ったが、今度はまた、国政改革という大仕事を彼女から請け負い、それに全力投球してきた弟をあたかも弊履《へいり》のごとく棄て去ろうとしたのである。

翌六五四年十月、孝徳は難波長柄豊碕宮で失意のうちに亡くなった。それは、最後までやり遂げようとした課題を半ばで奪われた男の、あまりに孤独な死であった。

第六章　飛鳥＝倭京の完成——斉明女帝の創造

後飛鳥岡本宮の東方、酒船石遺跡のある丘の麓から見つかった亀形石造物。斉明女帝が造らせたものか。

撮影・桑原英文

予定されていた皇極重祚

六五三年、難波《なにわ》から飛鳥にもどった皇極天皇が居所としたのは、飛鳥河辺行宮《あすかかわはらのかりみや》であった。飛鳥河辺行宮については、川原寺《かわはらでら》跡とする説と、飛鳥川の支流、稲淵《いなぶち》川のほとりにある宮殿跡をあてる説とがある。

川原寺跡の下層遺構からは宮殿用の唐居敷《からいじき》が出土しており、土器も七世紀前半をさかのぼらないという。川原寺の前身が宮殿であったことは間違いない。ただ、飛鳥とは飛鳥川の東岸一帯を指す地名であり、飛鳥川の西岸に位置する川原寺跡は飛鳥の範囲には入らないはずである。しかし、飛鳥の南限が橘寺の北であることを思えば、橘寺の北に位置する川原寺跡のあたりが飛鳥とよばれることがあったかも知れない。

他方、飛鳥稲淵宮《いなぶちのみや》跡であるが、ここでは七世紀中頃から末にかけての東西に長い掘立柱《ほったてばしら》建物跡が二棟、南北に長い建物跡二棟、石敷きなどが確認されている。四面廂《ひさし》付きの大規模な東西棟と主殿に東西脇殿がコの字形に取り付く配置である。だが、この遺跡の所在地は明らかに飛鳥の範囲外であるので、飛鳥を冠した宮殿の遺構である可能性は乏しい。六四二年の八月、皇極は「南淵《みなぶち》の河上」で四方を拝して雨を祈り、それを見事に成功させているが、彼女がこのような祭儀を行なった場所がこの遺跡ではないかといわれている。

翌六五四年の十月、孝徳天皇は難波長柄豊碕宮《なにわながらとよさきのみや》で死去した。それを受けて翌年の正月、皇極天皇は飛鳥板蓋宮《あすかいたぶきのみや》で再び即位（これを重祚《ちょうそ》という）した。斉明《さいめい》天皇の誕生である。以下、彼女のことは斉明の名でよぶことにしたい。

孝徳の在位中、斉明は小墾田宮《おはりだのみや》を居所としていた可能性がある、と前に述べた。難波から飛鳥に帰ると、彼女はすぐに飛鳥河辺行宮に入ったが、即位の儀式はかつての飛鳥板蓋宮で挙行したのである。それは、飛鳥板蓋宮が大王家の本居地であり、王権の聖地である飛鳥の中枢をなす、その意味で治天下大王《あめのしたをしろしめすおおきみ》の地位と権力の象徴となる建物だったからであろう。大王位を正式に継承する以上、その儀式を執り行なう場所はこの宮殿以外には考えがたかったに違いない。

その後、同年十月、斉明は小墾田の地に新たな宮殿の造営を開始している。この宮殿を斉明は何と瓦葺《かわらぶ》きにしようとしたという。それは結局、失敗に終わったが、瓦葺きの宮殿というのは、大王の居所を一般の豪族たちのそれとはまったく異質の、それを超越したものにしようという企てにほかならない。これによって、大王の地位を高め、その権力を強化しようという意図があったと思われる。

小墾田宮は推古女帝以来、飛鳥建設の起点であり、拠点でもあった。斉明が即位早々に、その宮殿を一般の豪族層の居宅を凌駕したものにしようと企てたのは、大王の地位を高め、その権力を強めるための飛鳥建設という一大事業の総仕上げに本格的に取り組もうという、彼女の並々ならぬ意志を物語っているといえよう。

ところが、小墾田宮の新造が始まって間もなく、飛鳥建設の中心となる飛鳥板蓋宮が火災によって焼失してしまったのである。後述するように、斉明は翌六五六年、飛鳥板蓋宮があったのとまったく同じ場所に後飛鳥岡本宮《のちのあすかおかもとのみや》を造営することになる。これについて『日本書紀』は、「飛鳥の岡本に改めて宮地を定めた」と記す。「改めて」の語に注目するならば、斉明は即位とともに、飛鳥板蓋宮自体の改造に取り掛かっていたのかも知れない。それが焼失してしまったのである。

斉明の後飛鳥岡本宮と、さらにこれを拡張して造営された天武《てんむ》の飛鳥浄御原宮《あすかきよみはらのみや》は、かつての飛鳥岡本宮や飛鳥板蓋宮のように、火災によって全焼するという甚大な被害に遭っていない。この点から考えると、斉明は飛鳥板蓋宮の焼失から貴重な教訓を引き出して、火災によって簡単に失なわれることのない、防火対策の施された画期的な宮殿造営の準備を始めたのではないか、と思われる。

このように斉明女帝は、皇極天皇の時代も、孝徳天皇のおよそ十年におよぶ治世の間も、そして今また重祚した後も、一貫して飛鳥という都市空間の建設に取り組んでいる。その意味で、彼女が再び即位することになったのは、孝徳が亡くなる前後に不測の事態が出来《しゅったい》し、それに緊急に対応するためだったのではなく、それはかねてより予定されていたと考えるのが妥当であろう。斉明の即位は、基本的には前大王である孝徳の意志にもとづくと考えられる。というよりも、斉明はかつて孝徳に王位を譲るにあたり、彼に委ねた国政改革が軌道に乗り、それがある程度の成果をあげたならば、王位を彼女に返上することを約束していたのであり、孝徳没後、それにしたがって再び王位に就いたと見なすべきではないだろうか。

防火対策万全の後飛鳥岡本宮

先に見たように、斉明が即位の場所とした飛鳥板蓋宮は、六五五年の冬に火災によって焼失してしまった。斉明はとりあえず、飛鳥川原宮に遷っている。これはおそらく、飛鳥河辺行宮と同じ宮殿を指していると思われる。

そして、六五六年、斉明は飛鳥板蓋宮があった場所で新しい宮殿の造営に取り掛かった。後飛鳥岡本宮である。『日本書紀』斉明二年是歳条にはつぎのように見える。

飛鳥の岡本に改めて宮地を定めた。この時、高句麗《こうくり》・百済《くだら》・新羅《しらぎ》がそろって使者を遣わし貢ぎ物をたてまつった。そのため、紺の幕を宮地に張りめぐらして、かれらを饗応することになった。その後、宮殿を建ち上げ、天皇はそこに遷った。宮殿を後飛鳥岡本宮と命名した。

朝鮮三国の使者の来訪が何月何日であったかは不明であるが、その時に新宮はまだ建設中だったようで、宮殿造営はその後も引き続き行なわれている。その規模や構造、さらに付属施設などが、かつての飛鳥岡本宮や飛鳥板蓋宮とは格段の差があったので、造営工事には多大の時日と労力を要することになったのであろう。

後飛鳥岡本宮の遺跡は、飛鳥京跡（伝飛鳥板蓋宮跡）のうち、III期―A遺構がそれにあたる。

これは内郭と外郭より成り、内郭は東西一五二〜一五八メートル、南北一九七メートル、それに外郭が付属している。内郭は四分の三を占める北院と、四分の一の南院とに分かれる。北院は玉石敷の舗装がなされており大王の居住空間であり、それに対して南院は砂利敷きで、政務や儀礼を行なう公的な空間であったと考えられる。内郭北院はほとんど未調査であるが、南院は南に門、中央には大安殿《おおあんどの》（外安殿《とのあんどの》）と思われる東西建物、その両側に二棟の南北建物が配置されるという構造だったことが分かっている。

後飛鳥岡本宮の最大の特徴は、宮殿の北西部に巨大な苑池《えんち》（池を中心に造成された庭園）を伴なっていることであろう。苑池の築造は七世紀半ばにさかのぼると考えられており、斉明女帝が後飛鳥岡本宮の造営とともに着工した可能性が高い。

発掘の結果、池の大きさは南北約二三〇メートル、東西約七〇メートルで、土橋によって南北に仕切られていた。南池は深さが約二メートルであるのに対し、北池の深さは約四メートルを計測する。

後飛鳥岡本宮の内部や、その周辺の建物や道路の脇には斉明の手によって水路が設定されていた。水路は幅が〇・五メートルから二メートル、深さは〇・五メートルから一・五メートルといった規模で、敷石と石垣で築造されていた。この水路を通ってきた水は北池に流れ込む仕組みになっていた。苑池は、飛鳥盆地の東南部から北西部に向けて流れる地下水の水脈上に位置しており、北池は地下水流との関係で、その水量がほぼ一定に保たれる構造になっていたという。

飛鳥のなかに縦横に張りめぐらされた水路のうち、とくに宮殿内部を走る水路は、いったん宮内で火災が発生したさいに防火用水として活用が可能であったと思われる。後飛鳥岡本宮やそれを引き継いだ飛鳥浄御原宮が、火災による全焼という悲劇を免れたのは、この水路の存在が大きいといってよいだろう。

なお、斉明が飛鳥建設の一環として掘削し、「狂心《たぶれごころ》の渠《みぞ》」と非難をあびた溝は、「水《みず》

飛鳥京跡で発掘された巨大な苑池。写真提供・共同通信社

工《たくみ》」とよばれる技術者集団によって設計・造作されたが、これら水路の築造にも、かれら「水工」の技術がなくてはならないものだったに違いない。

いよいよ、飛鳥建設の総仕上げ

『日本書紀』斉明二年(六五六)是歳条は、後飛鳥岡本宮の造営に続いて、つぎのような記事を載せている。

田身嶺《たむのみね》の頂上に垣をめぐらした。また、嶺の上の槻樹《つきのき》の傍らに観《たかどの》を建立した。名付けて両槻宮《ふたつきのみや》といった。あるいは天宮《あまつみや》といった。

時に天皇は工事を起こすことを好んだ。水工らに命じて溝を掘らせたが、その溝は香久山の西から石上山《いそのかみやま》におよぶものであった。舟二百隻に石上山の石を積み、溝の流れによって宮の東の山まで運び、そこに石を積み上げて垣とした。時の人は、「何と、狂気の沙汰の溝ではないか。溝を掘るのに動員した役夫は三万人余り、石垣を積むのに徴発された役夫は何と七万人余ということだ。宮殿の用材は腐り果て、山頂を覆い尽くした」

と囁《ささや》き合った。さらに、

「石の山丘を造ろうとも、造るそばから自然と崩れていくだろうよ」

という者もいた。

また、吉野宮を造営した。

「田身嶺」とは、やはり多武峰《とうのみね》のことであろう。その頂上部にめぐらされた「垣」が石垣であったとは限らない。だが、それは遠くから望み見ても、はっきりそれと分かるような目立つ施設だったに違いない。飛鳥の東南に位置する上居《じようご》・細川《ほそかわ》地区の丘陵は多武峰につながっている。飛鳥周辺の高所に立てば、おそらくそれは容易に望見できたのであろう。

多武峰の頂上に造られた「両槻宮」であるが、両槻とは二本のケヤキという意味である。ケヤキの古木は神の宿り木と信じられていたので、そのような聖樹の傍らに建てられた宮殿は、多武峰山頂という立地条件から考えても、やはり何らかの宗教的な施設と考えてよいであろう。

『日本書紀』は「両槻宮」のことを「観」と表現している。道教の寺院を道観というので、「両槻宮」とは道教の宗教施設だったのではないかとする意見もある。だが、「観」にはたんに高殿の意味もあるから、道教関係の施設と断定するのはなお疑問がのこる。

「両槻宮」の別名「天宮」は、たしかに道教で不老不死の術を体得した神仙（仙人）が住まう宮殿のことである。だが、仏教では、世界の中心にあるという須弥山《しゅみせん》の頂上、帝釈天《たいしゃくてん》が住む宮殿を忉利天宮《とうりてんのみや》といい、「天宮」がこの忉利天宮の略とするならば、それは仏教関連の施設だったことになる。

つぎに「宮の東の山」「石の山丘」であるが、たしかに後飛鳥岡本宮の東方には有名な酒船石《さかふねいし》（岡の酒船石）が置かれている丘陵が存在する。発掘の結果、この丘には版築《はんちく》による大規模な造成が加えられていることが判明した。斉明はそこに石垣を積み上げ、丘陵全体を石で囲繞《いにょう》しようとしたわけである。

この石垣の跡とされるのが酒船石遺跡である。それは、一辺〇・八～一メートルの花崗岩を一列に並べこれを基礎として、その上に幅三〇センチメートル、奥行き二〇センチメートル、高さ六〇センチメートルの砂岩の切石を斜面に沿って四段以上積み上げているというものであった。砂岩は天理市の石上山《いそのかみ》・豊田山の凝灰岩質砂岩（天理砂岩）で、石垣は丘陵全体を覆っていたらしい。

この人工の石山の北の麓から、東西約五〇メートル、南北約三〇メートルの石敷きのスペースが発見された。この東側は階段状になっているので、石敷きスペース全体が石段によって囲まれていたようである。人工の石山の北の麓、石敷きの南端から小判形の石造物と亀形石造物が発見され、話題を集めたことは記憶に新しい。

小判形石造物は明日香村周辺で産出する花崗岩を加工して造られたもので、長さ一・六五メートル、幅一・〇メートル、南側の上面に高さ一五センチメートル、幅九センチメートルの半円形の一段高くなった施設がある。反対の北側には、亀形石造物につなげるための突起が造られている。小判形の上面には幅二〇センチメートルの縁取りと水槽状の刳《く》り込みがあった。底面より約八センチメートルの位置に径四センチメートルの円形の孔があり、水はこれを通って亀形石造物の亀の口に流れ込む仕掛けになっていた。

亀形石造物は、同じく明日香村地域で産出する花崗岩の巨石を加工して亀形に成型したものである。全長は約二・四メートルで、幅約二メートル。顔を南側にある小判形石造物に向けている。尻尾は北を向き、排水口につながっている。体軀の左右には手足が彫刻されており、亀の甲羅の部分には幅約一九センチメートルの縁取りがある。中央の円形の刳り込みは直径一・二五メートル、深さが約二〇センチメートルの水槽状となっている。南の小判形石造物から流れてきた水は亀の鼻の孔を通り、円形の水槽部分に入り、尻尾の部分に彫り込まれた断面V字型の孔を通って、南北溝に排出されるのである。

人工の石山の北にある石敷きの施設は、庭園のようなオープンスペースというよりは、石段によって囲まれていたことを考えると、外部からの視線を遮断することを意識して設計・築造されているように思われる。大王が水(聖水)に関わる祭儀を執り行なう場だったのではないかといわれる所以《ゆえん》である。

蓬萊山と崑崙山と——飛鳥という小宇宙

これらの人工の石山やその麓の祭祀施設は、たんに飛鳥の都市的景観を飾るための施設ではなく、飛鳥が大王の地位と権力を象徴する都市空間だったことを思えば、大王の支配がおよぶ世界をあらわそうという意図をそこから読み取ることができるだろう。

斉明が住まう後飛鳥岡本宮を中軸に見立てた時、その東方にある山で、しかもその麓に亀が置かれていることからすれば、それはやはり、道教の説く蓬萊山《ほうらいさん》と考えるのが穏当な推測であろう。蓬萊山は不老不死の術をマスターした神仙(仙人)が住まう理想的な世界であり、それは中国から見てはるか東方の海上にあると信じられていた。

斉明がその蓬莱山に模した人工の石山を造ったのは、たんに自身の長寿と不老不死を祈るためだけであったとは考えられない。飛鳥という都市空間が大王家の本居地、王権の聖地という、いわば大王の地位と権力を象徴する空間として築かれ、そしてそれがほかならぬ斉明の手で完成されたことを思えば、彼女がこの人工の石山にこめた願いとは、王権の象徴としての飛鳥の永続であって、さらには王権の永続と繁栄以外の何物でもなかったであろう。

他方、飛鳥寺の北西、当時の迎賓館の跡である石神《いしがみ》遺跡の近傍から出土した石造物に有名な須弥山石《しゅみせんせき》がある。須弥山とは、仏教で世界の中心にあるとされる高峰であり、この石造物はそれをかたどったものといわれてきた。『日本書紀』によれば、「飛鳥寺の西」「甘《あま》檮岡《かしのおか》の東の川上」または「石上池のほとり」に須弥山の像を置き、服属した蝦夷《えみし》や粛慎《しゅくしん》らを饗応したという。これらの場所は石神遺跡の周辺といってよい。須弥山石がこの遺跡の近くから出土していることからいって、やはりそれは須弥山像の遺物と見なすことができるとされてきた。

しかし、須弥山は金・銀・瑠璃《るり》（ガラスの古称）・玻瓈《はり》（七宝《しっぽう》のひとつで、水晶のこと）で出来た四角い山とされているのに、いわゆる須弥山石は三層（または四層）から成る円筒形をしている。また、須弥山の模型を造るならば、石よりも金属のほうが相応しい。『日本書紀』

はこれを須弥山としているが、それは何らかの誤解にもとづくのであって、いわゆる須弥山石とは、道教の説く崑崙山《こんろんさん》ではないかという意見が傾聴に値する。

崑崙山は大地の中央にあり、中国から見ると西北に位置する、天に届くばかりの高山といわれている。その周囲には、すべてのものを溺れさせるという弱水《じゃくすい》がめぐっていた。崑崙山は天への通り道にあたり、その真上に北極星があって、そこには天帝の都があるという。そして、頂上には天帝が遣わした神仙たちが住んでいるというのである。

以上のとおりだとすれば、後飛鳥岡本宮を中心にして、その東方に道教の蓬萊山、その北西には同じく道教の崑崙山が配置されて、そこに一つの完結した世界＝小宇宙が形成されることになる。このような都市空間を創造した時に初めて、そこに君臨する大王こそが一定の世界の中軸に位置するのだという新たな世界観を獲得することになったといえよう。

かつて厩戸皇子《うまやとのみこ》が隋との外交を主導していた頃は、倭国は自国を「日出処《ひいずるところ》」と称した。「日出処」とは中国から見た日本列島の呼び名にすぎず、当時の倭国は、あくまでも中国を中心とした世界観のなかに自己を位置づける段階にとどまっていた。それに対して斉明は、飛鳥という都市空間を創造し、それを完成させたことにより、大王が一つの完結した世界＝小宇宙の中軸に位置するのだという、新たな世界観を手に入れたのである。もちろん、その世界観も中国からの借り物にすぎなかったが、自国を世界の中心に位置づけるようになったのは、間違いなく大きな前進であった。それを可能にしたのが飛鳥だったのである。

蓬萊山に模した人工の石山の頂上からは、多武峰山頂の高殿を望み見ることができたであろうし、詳しくは後述するように、斉明は飛鳥のはるか南、吉野の山中にも宮殿（吉野宮）を造り、そこに新たな王権の聖域を切り拓こうとしていた。飛鳥という世界＝小宇宙の周囲に、さらにこのような宗教施設や聖域が配置される、というのが斉明の構想だったようである。

さて、「宮の東の山」「石の山丘」の築造や「狂心の渠」と非難された溝の掘削など、斉明による飛鳥建設の事業は、孝徳天皇によるおよそ十年にわたる変革の成果なしには、完成は到底不可能であったと考えられる。有間皇子《ありまのみこ》に挙兵を迫った蘇我赤兄《そがのあかえ》は、斉明の三つの失政をあげているが（後述）、そのなかで「狂心の渠」を造るために駆り集めた役夫に支給する食糧が大いに無駄になったと述べていることが注目される。

すなわち、斉明が飛鳥の完成のために投入した労働力は、孝徳が発布した「改新之詔《みことのり》」の第四条が規定していた、五十戸《べ》（これを一里とした）から一人の割合で徴発された成人男子であった。それは、従来の部の制度にもとづく労役の徴収とは異なる、新しい支配システム（五十戸一里制）による労働力の徴発であった。そして、役夫が労役に従事する間のみ、かれらには食糧が配給されたが、その食糧の財源となる庸という新税制は、同じく「改新之詔」第四条で規定されたものだったのである。

斉明による飛鳥建設の総仕上げが、孝徳による国政変革の成果にもとづいて初めて可能になったことは明らかである。この点からも、斉明と孝徳とのあいだでは取り組むべき課題と役割の分担がはっきりと決められており、孝徳に委ねられた課題（国政の変革）が達成されたならば、彼から斉明に王位を返上するという約束もなされていたと考えることができる。

暴走する十代——有間皇子の挑戦

こうして斉明女帝の手によって、ついに飛鳥＝倭京《やまとのみやこ》が完成しつつあった。ところが、完成間近の飛鳥＝倭京を根底から否定し、それを灰燼《かいじん》に帰してしまおうと企てている者が斉明のそば近くにいたのである。それは亡き孝徳天皇のむすこ、有間皇子《ありまのみこ》だった。

彼は孝徳と阿倍小足媛《あへのおたらしのひめ》（阿倍内麻呂《あへのうちのまろ》のむすめ）のあいだに生まれた皇子であった。斉明から見れば、甥ということになる。有力な王位継承候補には違いないが、斉明のむすこ中大《なかのおお》兄皇子《えのみこ》よりも十五ほど年少であって、王位継承の上では中大兄の敵ではありえなかった。

六五八年十一月、紀伊温湯《きのゆ》に出掛けた斉明女帝と中大兄に代わり飛鳥の留守を預かっていた蘇我赤兄が、若い彼に近づき決起を迫った。赤兄が何者かの指令を受けていたことは明らかである。それは、『日本書紀』斉明四年（六五八）十一月壬午《じんご》条につぎのように見える。

留守官の蘇我赤兄は有間皇子につぎのように語った。

「天皇の政《まつりごと》には三つの過失があります。大いに倉庫を建て、民の財物を積み集めていることが一つ。長く溝を掘り、それを造るため駆り集めた役夫に支給した食糧が無駄になったことが二つ。舟に石を積み、それを運んで積み上げて丘にしようとしたことが三つです」

有間皇子は赤兄が自分に対して好意的なことを知って、大変喜び、

「吾はそろそろ、兵を用い事を起こしてもよい年齢だ」

といった。

これによれば、有間皇子の挙兵の動機に、斉明による飛鳥建設という事業に対する批判と反発があったことは明らかであろう。有間の父孝徳は、斉明の命令を受けて難波の地で

国政改革に打ち込んだ。それは、飛鳥建設を強力かつ円滑にすすめるためには、是非ともやり遂げねばならない大仕事であった。しかし、孝徳は道半ばの段階で斉明から変革の打ち切りをいい渡され、失意のうちに亡くなった。孝徳はいわば、斉明の飛鳥建設計画の最大の功労者にして犠牲者であったといえよう。

有間とすれば、斉明がその事業に何の躊躇《ちゅうちょ》もなく投じている労働力が、ほかならぬ亡父、孝徳による変革の賜物《たまもの》であることを思うにつけ、押さえがたい憤懣《ふんまん》が込み上げ、何とかして父の無念を晴らしたいと思ったに違いない。有間は斉明ともども、飛鳥それ自体を破壊しようと企てたのではあるまいか。暴走する十代といえよう。

有間は赤兄の罠にまんまと陥ったかのように見えるが、赤兄による挑発がなくとも、彼には挙兵にふみ切る意志と動機があった。すなわち彼は、斉明・中大兄の母子が紀伊温湯《きのゆ》に出掛け、飛鳥が留守になった隙をねらい挙兵を企てたのだが、実は斉明に紀伊温湯を推奨したのは、ほかならぬ有間自身だったのである。彼が斉明を誘い出し、その留守を衝いて武装蜂起を企てていたことは明らかであろう。

つぎの『日本書紀』斉明四年（六五八）十一月庚寅《こういん》条が引用する史料によれば、その計画は実に大規模かつ周到なものであった。

有間皇子は「まずは宮室《おおみや》を焼き払うのだ。ついで五百人の兵士をもって一日二夜にわたり牟婁津《むろのつ》を遮断し、軍船を率いて淡路国《あわじのくに》を封鎖しよう。それによって、相手を牢屋に閉じ込めたような状態にしてしまえば、事は成功したも同然」といった。ある人が諌《いさ》めていうには、「それは成功しないでしょう。計略そのものは完璧ですが、皇子にはまだ徳というものがありません。皇子はいまだ十九歳、成人には間があります。成人すれば、おのずと徳は備わるのですから」とのことであった。

従来、有間の攻撃目標は中大兄皇子であると見なされてきた。しかし、すでに述べたように、中大兄よりも十五歳も年下の彼は中大兄のライヴァルとはなりえない。有間が中大兄だけを標的にする動機は見あたらないのである。他方、中大兄の側にもわざわざ蘇我赤兄を使って有間を陥れる動機は希薄だったといわざるをえない。

有間皇子が焼き打ちにしようとした「宮室」とはどこであろう。それはやはり、ようやく完成しつつあった後飛鳥岡本宮とそれを中心とした倭京だろう。いうまでもなく、斉明がその建設に心血を注ぎ込んできた対象である。やはり有間は、斉明と飛鳥それ自体を攻撃目標としていたことになる。

また、有間の計画どおり、牟婁津や淡路国がその兵力によって遮断されたならば、「牢屋に閉じ込め」られたような絶体絶命に陥るのは、ひとり中大兄だけではありえない。現大王であり、有間が焼き払おうとしている「宮室」建設に生涯を賭けた斉明女帝も無事ではいられないはずである。斉明が有間の標的に入っていたことは否定できないであろう。さらに、先に述べたように、中大兄個人には有間を倒さねばならない動機がないとすれば、赤兄に有間挑発の密命をあたえたのは、中大兄ではなく、有間の標的になっていたと思われる斉明女帝だったことになるだろう。

有間皇子の運命やいかに。つぎに『日本書紀』斉明四年（六五八）十一月甲申《こうしん》条を見てみよう。

有間皇子は赤兄の邸宅に赴き、高殿に上って謀議をめぐらした。すると、有間の脇息《きょうそく》が自然に折れた。これは不吉だというので、ともに誓いを成して、その日の謀議は取りやめとなった。有間は自分の宮殿に帰り就寝した。

その日の夜半のこと、赤兄は物部朴井連鮪《もののべのえのいのむらじしび》を遣わし、宮殿を造るために徴発した役夫たちを率いて、有間皇子の市経《いちぶ》の宮を包囲した。有間の身柄を押さえると、早馬を遣わして天皇にその旨を急報した。

斉明の思惑どおり、有間は赤兄による挑発にまんまと乗った（あるいは乗ったふりを装った）。だが、斉明の意を受けた赤兄らの動きは実に迅速だった。十一月五日、赤兄が有間逮捕のために差し向けたのは、「宮殿を造るために徴発した役夫」であった。役夫に武器を手渡せば、兵士への転用は容易である。この当時、建設中だった「宮殿」といえば、後飛鳥岡本宮以外には考えにくい。斉明の飛鳥建設に異を唱え、それを破壊すべく決起しようとした有間を捕縛に向かったのが、飛鳥の宮殿を造るために徴発された労働者たちだったとは、何とも皮肉なめぐり合わせであった。

それにしても、役夫をにわか兵士に仕立てねばならなかったのは、有間逮捕がそれだけ緊急を要したためであろうが、あるいは斉明は赤兄に命じ、宮殿造作のために駆り集めた役夫をあえて有間の捕縛に差し向けたのかも知れない。そうだとすれば、有間の事件の背景に飛鳥建設問題が横たわっていたことが、この点からも確認されよう。

十一月九日、有間の身柄は斉明らがいる紀伊温湯に護送され、そこで中大兄による取り調べを受けた。「どうして挙兵を企んだのだ」との問いに対して、有間は昂然《こうぜん》といい放ったという。

天と赤兄だけが知っていることだ。吾は何も知らぬ。

中大兄が有間の尋問にあたっていることから、彼が事件の首謀者のように見なされてきた。しかし、中大兄が斉明女帝を輔佐する地位にあったことを思えば、この尋問を理由に彼が事件の黒幕だったとはいい切れない。

翌々日（十一日）、有間は丹比小沢連国襲《たじひのおざわのむらじくにそ》らの手で藤白坂《ふじしろのさか》で絞殺され、十九年の短すぎる生涯を終えた。暴走の果ての無残な死といえよう。しかし、彼の挙兵が計画どおりに実現していたならば、飛鳥は灰燼に帰していたはずだから、そら恐ろしいものがある。

ともあれ斉明女帝は、ようやく完成間近の飛鳥＝倭京を武力によって覆滅しようとした有間らのクーデタを未然に封ずることに成功した。飛鳥は辛うじて守られたのである。

東北遠征――新しいステージへ

かくして斉明の手で完成された飛鳥＝倭京という都市空間は、明らかに一般の豪族たちの居館やそれを取り巻く空間とは異質で、それらを完全に超越したものであった。大王の地位と権力が一般の豪族層を凌駕するものであることを、誰が見ても了解できるように表現したものが飛鳥＝倭京にほかならなかった。

それが完成を見た以上、つぎなる課題は、一般の豪族層を超越した大王の地位と権力の実質を形作り、それをよりたしかなものとすることであろう。具体的には、飛鳥という都市空間に描き込まれた、大王は世界の中軸に君臨するという世界観または宇宙観を現実のものとしなければならない。

大王が世界の中心にいるとするならば、飛鳥のなかで東方に蓬萊山《ほうらいさん》を模した石山を造ったことからも分かるように、大王の支配領域のはるか東方にあって大王に従属し、朝貢を行なう集団を設ける必要がある。かれらは大王が住まう飛鳥から遠く離れた辺境に住んでいるために、大王の支配にまだ十分に服してはいない。その一点をとらえて、かれらは異民族・異種族（これを夷狄《いてき》とよぶ）と見なされることになった。

『日本書紀』斉明四年（六五八）四月条には、つぎのように見える。

阿倍臣《あへのおみ》　名前は分からない。は軍船百八十艘を率いて蝦夷の討伐を行なった。齶田《あぎた》・渟代《ぬしろ》の二郡の蝦夷《えみし》はこの船団を望み見て怖《お》じけづき、降伏を願い出た。そこで兵士を整列させ、軍船を齶田浦《あぎたのうら》に連ねた。齶田の蝦夷、恩荷《おが》はすすみ出て、つぎのように誓約を立てた。

「官軍に逆らおうとて弓矢をかまえているのではございません。ただそれがしどもは肉を食らう習慣がございますので、弓矢を持っているのです。もし官軍に刃向かうために弓矢をかまえているとすれば、齶田浦の神々がお見過ごしにはなりますまい。清き白き心をもって朝廷にお仕え申し上げたいと存じます」

そこで、恩荷には小乙上《しょうおつじょう》の冠位を授け、渟代・津軽二郡の郡司《こおりのみやつこ》に任命した。そして、ついには有間浜で渡島《わたりのしま》の蝦夷らを召集して、大いに饗応を行なった。

「阿倍臣 名前は分からない」とあるが、おそらく阿倍比羅夫《あへのひらふ》のことであろう。六五八年四月、斉明の命を受けた彼は、百八十艘から成る大船団を率いて東北地方の日本海側を北上、その軍事力を背景にして沿岸の住民を大王の支配のもとに取り込んでいった。この軍事行動を通じて、大王への服属と朝貢を強制された人びとは、一方的に夷狄としての蝦夷とされていったのである。同年の七月、蝦夷二百人が飛鳥にやって来たのは、比羅夫の戦果といってよいだろう。

つぎに『日本書紀』斉明五年（六五九）三月条を見てみよう。

阿倍臣 名前は分からない。を遣わして、軍船百八十艘を率いて、蝦夷国を討伐させた。阿倍臣は飽田《あきた》・渟代の二郡の蝦夷二百四十一人、捕虜三十一人、津軽郡の蝦夷百十二人、捕虜四人、胆振鉏《いふりさえ》の蝦夷二十人を一箇所に集めて、大いに饗宴を行ない禄を授けた。そこで船一艘と五色の綵帛《しみのきぬ》をたてまつり当地の神々を祭った。肉入籠《ししりこ》に至った時に、問菟《とひう》の蝦夷胆鹿嶋《いかしま》・菟穂名《うほな》の二人がすすみ出て、「後方羊蹄《しりへし》に役所を置かれたらいかがでしょう」といった。かれらの進言にしたがい、ついに郡領《こおりのみやつこ》を任命して帰還した。

この後、阿倍比羅夫は服属した蝦夷らの要請を容れ、北海道にやって来ていた粛慎《しゆくしん》とよばれる異民族集団と戦闘に入り、一定の戦果をあげている。

「海北」から「西方」へ——蕃国の創出

さて、飛鳥という都市空間の北西に道教の崑崙山《こんろんさん》の石像を安置して、大王を中心とする世界の西への拡がりを構想した以上は、実際に西方に住む異民族・異種族に対して大王への従属・朝貢関係を設定しなければならないであろう。

『宋書《そうじよ》』倭国伝は、四七八年に倭王武《ぶ》(雄略《ゆうりやく》天皇にあたるといわれる)が宋の順帝にたてまつった上表を載せているが、それによれば、朝鮮半島は「海北」とよばれており、百済《くだら》や新羅《しらぎ》は倭国から見て海を越えた北に位置すると見なされていた。だが、それは五世紀段階の地理認識にすぎない。

八世紀初頭に成立した『古事記』の仲哀《ちゅうあい》天皇段を見てみよう。熊襲《くまそ》を討つため九州に出征した天皇に、ある神の託宣が下った場面である。

皇后（神功皇后《じんぐうこうごう》）に憑依《ひょうい》した神がいうには、

「西方に国がある。金・銀を初めとして、目も眩《くら》むような種々の珍宝がたくさんその国にはある。吾は今、その国を服属させようと考えているのだ」

ということであった。

この「西方」にある国とは新羅を指した。ちなみに、仲哀天皇はこの神託を無視したために頓死してしまったことになっている。

『日本書紀』にも同様の例は少なくない。たとえば、欽明《きんめい》十三年（五五二）十月条、有名な仏教公伝を記したくだりである。

天皇は百済の使者の口上を聞き終わると、喜び躍りあがり、使者に向かい、

「朕《われ》は生まれて以来、このように不思議ですばらしい教えを聞いたことがない。しかし、朕独りで決するべきではなかろう」

といった。そこで天皇は、群臣《まえつきみ》たち一人ひとりに尋ねた。

「西の蕃国が献上してきた仏の御顔は光り輝くように美しい。いまだかつて見たことがないものだ。これを礼拝すべきであろうか」

「西の蕃国」とは、いうまでもなく百済のことである。このように五世紀段階とは異なって、『古事記』『日本書紀』やそのもとになった書物が書かれた頃、すなわち七世紀には、新羅・百済など朝鮮半島の国家は倭国から見て「西方」にある国であり、「西の蕃国」だった。斉明によって飛鳥が完成した結果、朝鮮半島を「海北」ではなくはっきりと「西方」とする認識が固定することになったと考えることもできるであろう。

大王を中心とする世界の東方に蝦夷を設定した以上、つぎに課題になるのは、大王の支配領域の西方に異民族の国家（蕃国）を設定することであった。具体的には百済・新羅に対し、これまで以上に大王への従属と朝貢を強制するということである。

そのような矢先、百済が忽然《こつぜん》と滅び去ってしまったのである。

百済復興に賭ける

百済が唐・新羅連合軍の急襲を受け、あっけなく滅び去ったのは六六〇年七月のことであった。義慈王《ぎじおう》以下、百済王族は唐に強制連行されてしまった。

百済の滅亡という東アジア激震の発端は、六四〇年代にもとめられる。

六一八年に唐が成立すると、朝鮮半島の三国は唐に朝貢し、唐からそろって冊封《さくほう》（国王が皇帝から爵位・官職を授かり、その臣下になること）を受け、その従属下に入った。ところが、六四二年頃から高句麗・百済は新羅領への侵犯を繰り返した。新羅の救援要請を受けた唐の勧告にも拘わらず、両国は新羅への侵入をやめなかった。唐に対する明らかな敵対行動だった。とくに高句麗で政変が発生し、唐によって冊封されていた高句麗王が殺害されるにおよんで、ついに唐は高句麗征討にふみ切った。

唐の高句麗侵攻は六四五年に始まり、都合三度におよんだが、結果的には失敗に終わった。この間も高句麗・百済による新羅領への侵略はやまず、六五九年、百済が新羅の要衝《ようしょう》を奪うに至り、ついに唐は新羅との共同作戦による百済急襲を決断したのであった。

唐は海路から、新羅は陸路によって百済領に攻め入り、上記の戦果をあげたわけである。だが、百済王とその一族を連れ去っただけで、百済の貴族や豪族、とくに百済各地にあった山城・要塞などの軍事施設はなお健在だった。これら山城を拠点に百済遺臣らが立ち上がるのは、自然の勢いであったといえよう。百済復興をめざす遺臣たちのリーダーとなったのは、百済王の姻族といわれる鬼室福信《きしつふくしん》であった。

そして福信は、かねてより同盟関係にあった倭国に軍事援助を要請した。併せて、六四〇年代より人質として倭国にあった百済王子、余豊璋《よほうしよう》の本国送還をもとめてきたのである。斉明女帝は百済側の要請を受け容れた。

斉明は、表向きは倭国と百済との長年にわたる交流と提携を理由に百済救援にふみ切ると述べているが、これはあくまでも建前であった。斉明はすでに、大王の支配領域の東方に夷狄としての蝦夷を設定し、かれらに従属と朝貢を強要していたが、それと同時に、支配領域の西方にも大王に従属・朝貢する異民族の国家を設定する必要があったので、六六〇年に百済が滅亡したことは、倭国にとっては願ってもない僥倖《ぎようこう》だった。倭国の軍事力で百済を復興し、再生した百済を大王の支配下に組み込む、絶好のチャンスが到来した。

斉明がどうして新羅や唐ではなく、百済と結び付くことになったのか。それは、「外相」廐戸皇子《うまやとのみこ》が取り組んだ、あの伽耶《かや》領有問題にたどり着く。

倭国は五六二年に伽耶が新羅に併呑《へいどん》された後も、伽耶の一国である金官国《きんかんこく》=任那国《みまなこく》に自国の権益があると主張し、新羅に対して金官国=任那国のなかの倭国権益、すなわち「任那の調《みつき》」を要求し続けた。ところが、六四二年に百済が新羅領に攻め入り、旧伽耶地域を奪還すると、倭国は手のひらを返したように、新羅に代わって百済に「任那の調」をもとめるようになったのである。

義慈王の王子、余豊璋が人質という名目で倭国にやって来たのも、この「任那の調」の保証のためであった。このように、当時の倭国は旧伽耶の領有問題、「任那の調」をめぐる関係を通じて、新羅ではなく百済とより深く結び付いていたのである。七世紀半ばに始まる朝鮮半島の激動のなかで、斉明女帝が百済との軍事的提携を選択したのは、ひとえにそのためであったといえる。

六六一年正月、斉明は百済救援軍を率い、難波津を出帆した。

百済再興は、飛鳥の建設という彼女の終生の事業の総仕上げになるはずであった。だが、この船出がその飛鳥に二度と生きてもどることのない旅立ちになろうとは誰一人知るはずもない。

白村江・海戦の図。中川恵司・画

飛鳥へ――斉明の葬送

六六一年の正月に難波を進発した斉明天皇は、伊予国の熟田津《にきたつ》の石湯行宮《いわゆのかりみや》に停泊し、そこで三月の下旬まで過ごした。そこを出て娜大津《なのおおつ》（博多湾）に入ったのは三月二十五日であった。斉明は沿岸にあった磐瀬行宮《いわせのかりみや》を居所とした。五月には、朝倉橘広庭宮《あさくらのたちばなのひろにわのみや》（福岡県朝倉郡朝倉町）が出来上がり、彼女はそこに遷っている。磐瀬行宮よりも内陸の地に対外戦争の拠点を定めたのである。『日本書紀』斉明七年五月癸卯《きぼう》条によれば、この時に斉明の周辺で異変が続いた。

この時に、朝倉社《あさのくらやしろ》の木を伐採して、この宮殿（朝倉橘広庭宮）を造営したので、神が怒って建物を壊した。また、宮中に鬼火があらわれた。そのために天皇に仕える大舎人《おおとねり》や近侍の者で病死する者が後を絶たなかった。

そして七月二十四日、斉明の終焉は突然に訪れた。八月一日、斉明の亡骸《なきがら》はむすこの中大兄皇子《なかのおおえのみこ》に守られて朝倉橘広庭宮から磐瀬行宮に運ばれた。中大兄が母の柩《ひつぎ》を娜大津に近い磐瀬行宮に運んだのは、飛鳥に帰るための準備である。『日本書紀』斉明七年八月甲子朔《かっしさく》条は、この時にも変事があったことを記す。

この日の夜、朝倉山の上に鬼がいて、大笠を身に着け、天皇の葬列を望み見ていた。これを見た人びとは不思議なことだと囁き合った。

十月七日、斉明の柩は海路を帰途についた。柩には中大兄が寄り添っている。中大兄は斉明の急逝後、事実上すでに大王の地位と権力を継承し、斉明が起こした百済《くだら》救援戦争を指揮する立場にあった。正式に王位を継承しないで、王権の行使にあたることを称制といった。正式に王となっていない者の命令が、王の発する正式な命令（制）と称せられることから、このようにいうのである。

十月二十三日に、中大兄皇子は難波に到着している。そして、十一月七日、飛鳥の川原で斉明の殯宮《もがりのみや》が営まれた。飛鳥の川原とは、おそらく斉明が生前に居所としたことのある、あの飛鳥河辺行宮《あすかかわはらのかりみや》＝飛鳥川原宮のことであろう。

百済救援戦争の幕はすでにあがっているのである。倭国軍総帥の位置にある中大兄が、わざわざ母の柩に寄り添って、前線基地ともいうべき筑紫を後にしたのは一体どうしてだろうか。

それはやはり、彼が国家的な事業であった飛鳥の建設を成し遂げた斉明の真の後継者となるためには、斉明の柩を飛鳥の地まで運び、そこで正式な葬礼を挙行する必要があったためではないかと思われる。中大兄にとって母の葬礼は、彼自身の即位に向けてふまねばならない必須の階梯だったようである。それは、あまりにも偉大な大王の後を継がねばならなかった者の宿命ともいえよう。

従来は、中大兄は最有力の王位継承候補であり、いつでも自力で即位することが可能と見なされてきた。その彼が斉明の没後、長きにわたって即位しなかったものだから、それにはよほどの事情があったに違いないと見て、種々の臆測が加えられてきたのである。他方、前大王である斉明は中大兄の傀儡《かいらい》にすぎないと見なされてきたため、彼女の存在が中大兄の即位に決定的な意味をもったとは誰も考えなかった。だが、中大兄が晴れて即位するためには、前大王である斉明の遺志や事業をいかに正当に継承しているかが、重要な問題だったのである。

百済救援戦争――斉明の遺志を継ぐ

以上見たように、六六一年七月に斉明女帝が筑紫《つくし》で急逝した直後、中大兄は大王権力の代行（称制）を開始した。そして、六六七年三月に飛鳥から近江大津宮《おうみおおつのみや》に遷り、翌年正月にそこで正式に即位するまでのおよそ六年五カ月にわたって称制は続くことになる。称制を始めた時点で、中大兄はすでに事実上の大王といってよいから、以下の叙述では彼を天智《てんじ》天皇とよぶことにしたい。

天智は、斉明の没後、直ちに百済救援戦争の総司令官に就任したが、それはもちろん、彼が斉明の後継者であったこともさりながら、百済《くだら》を大王に従属・朝貢する西方の蕃国にしようと企てた前大王斉明の遺志と事業を彼が引き継がねばならない立場にあったからであった。天智は前大王が手掛けた事業があまりに遠大なものであったので、その真の後継者の地位を確保するためには、多くの関門をクリアーする必要があったのである。

天智は百済救援戦争に向けて本格的に動き始めた。『日本書紀』天智天皇即位前紀にはつぎのように見える。

八月に、前将軍で大花下《だいかげ》の阿曇比邏夫連《あずみのひらふのむらじ》、小花下《しょうかげ》の河辺百枝臣《かわへのももえのおみ》ら、後将軍で大花下の阿倍引田比邏夫臣《あへのひけたのひらふのおみ》、大山上《だいせんじょう》の守君大石《もりのきみおおいわ》らを派遣して、百済王を警護させることになった。そこで、武器や食糧を百済に送った。或る本によれば、この文の後に「これとは別に、大山下《だいせんげ》の狭井連檳榔《さいのむらじあじまさ》と小山下《しょうせんげ》の秦造田来津《はたのみやつこたくつ》を遣わして、百済王を守護させた」という文が続いている。

これによれば、六六一年八月に百済救援軍を率いる将軍の任命があったという。将軍たちにあたえられた使命は「百済王を警護」することであった。ただ、この時は将軍の任命があっただけで、実際に兵を率いて出陣したのは、これより後のことだったようである。この将軍らに率いられる兵士の数は不明だが、百済王となる予定の余豊璋《よほうしょう》はこの倭国軍に護衛されて故国の土をふむはずであった。

天智天皇は磐瀬行宮にあって、このような将軍の任命を行ないながら、他方で磐瀬行宮に運ばれた斉明女帝の柩《ひつぎ》を守って、飛鳥に帰る日に備えていたと思われる。つぎも『日本書紀』天智即位前紀の一節である。

九月に、皇太子（天智天皇）は長津宮《ながつのみや》にいた。織冠《おりもののこうぶり》を百済の王子豊璋《ほうしょう》に授けた。また、多臣蔣敷《おおのおみこもしき》の妹を娶らせた。そこで、大山下の狭井連檳榔と小山下の秦造田来津を遣わし、兵五千を率いさせて、豊璋を本国に護送した。豊璋が本国に帰った時、（鬼室《きしつ》）福信《ふくしん》は迎えに来て、豊璋を拝すると、国政を奉じ、すべてを彼に委ねた。

同年の九月、天智は長津宮（磐瀬行宮）において豊璋を百済王に任命する儀式を執り行なった。この時も任命の儀式があっただけで、実際に豊璋が百済に帰り、王位を継承することになったのは、これよりも後のことと見られる。なお、狭井檳榔と秦田来津らに率いられる兵五千は、豊璋の親衛集団と思われるが、この時は親衛集団の組織とその長の任命があっただけであり、やはり、かれらの出陣もこれ以後のことと考えられる。

翌月（十月）には天智は斉明の柩を奉じ筑紫を後にして飛鳥に向かっている。天智にとって斉明の葬礼は公私両方の意味で重要なものであったから、その前にもう一つの懸案を解決しておこうとして、この時に豊璋の百済王任命を行なったのであろう。

豊璋にあたえられた織冠は冠位十九階の最高位であるが、そもそも冠位とは大王の臣下に授けられるものであった。百済王になる予定の豊璋がそれを授けられるというのは、倭国の大王が百済王を臣下として従属させることを意味した。中国の歴代の皇帝は、周辺諸国の王に爵位や官職を授けて、かれらを臣下に編成した。これを冊封《さくほう》といったが、天智は爵位や官職ではなく倭国固有の冠位を使って、余豊璋を百済王として冊封しようとしたのである。

かつて斉明は東方の夷狄として蝦夷を服属させ、さらに西方の蕃国として百済を服属させようと企てたが、こちらのほうはほとんど手付かずで急死してしまった。天智がその斉明の真の後継者になるためには、余豊璋を百済王に擁立するとともに、彼を大王の臣下として明確に位置づける必要があった。彼が百済王を冊封したことには、斉明の遺志・事業を継承するという重大な意義があったのである。

豊璋の実際の帰国について記すのは、つぎの『日本書紀』天智元年（六六二）五月条であると思われる。

大将軍で大錦中《だいきんちゅう》の阿墨連比邏夫らは、軍船百七十艘を率いて、豊璋らを百済に送還し、勅命を宣して、豊璋らに王位を継承させた。また金策を福信に賜い、その背を撫で、その武功を讃えて爵位や禄を賜わった。この時、豊璋と福信は拝礼して勅命を承《う》けたが、それを見ていた衆人は涙を流した。

六六二年五月、ついに余豊璋は故国に帰還を果たしたのである。「勅命を宣して、豊璋らに王位を継承させた」とあるように、豊璋はあくまでも倭国王（天智天皇）によって任命された百済王なのであった。この頃には天智も斉明の葬礼をひととおり終え、飛鳥から筑紫にもどって来ていたはずである。いよいよ、百済救援戦争に本格的に取り組むことになったといえよう。

さて、余豊璋は鬼室福信ら百済遺臣に迎えられて、州柔《つぬ》（周留《しゅうりゅう》）城に入った。州柔城

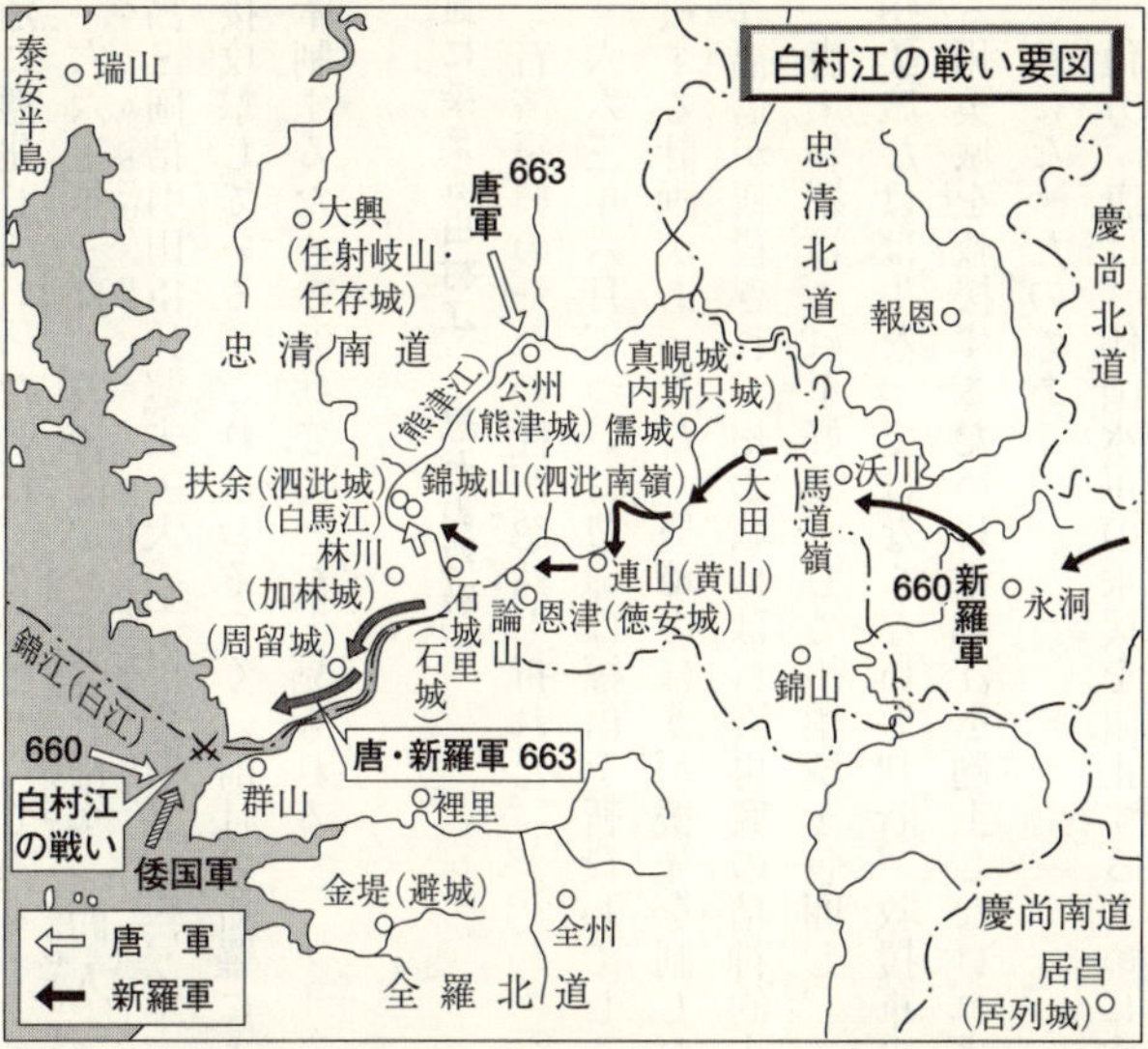

鈴木英夫氏「百済の没」（『戦乱の日本史〔合戦と人物〕1』第一法現出版、1988）より

は錦江の下流の北岸に位置する山城で、百済旧領の各地に散在する山城を統括する、司令塔的な役割をもつ天然の要害であった。百済王豊璋は百済復興の精神的な支柱というべき存在であり、その傍らに軍事的な天才、鬼室福信がいる限り百済再興も決して夢ではないと見られた。

しかし、同年の暮れ、豊璋は州柔での慣れない籠城生活を嫌い、彼の主唱で州柔の南方にある避城《へきし》（金堤）に遷ったが、翌年（六六三年）二月に新羅軍が百済旧領の南部に大挙侵入、避城の間近に迫って来たため、やむなく州柔城に逆戻りすることになった。豊璋と福信の人間関係が急速に悪化していったのは、この頃からである。

六六三年三月、天智は、上毛野君稚子《かみつけぬのきみわくご》・間人連大蓋《はしひとのむらじおおふた》・巨勢神前臣訳語《こせのかんさきのおみおさ》・三輪君根麻《みわのきみねま》呂《ろ》・阿倍引田臣比邏夫《あへのひけたのおみひらふ》・大宅臣鎌柄《おおやけのおみかまつか》らが率いる二万七千人の大軍を渡海させ、新羅を直接攻撃している。これはおそらく、前月の新羅による大攻勢の報を受けて、新羅の動きを牽制するための派兵であったと見られる。

血に染まる白村江──思わぬ敗戦

百済復興の一つの柱が忽然《こつぜん》と折れた。

六六三年六月、ついに豊璋は福信を斬殺してしまったのである。福信の側にも豊璋を謀殺する計画があったが、豊璋のほうが機先を制した。百済復興の軍事的な支柱ともいうべき福信が斬殺され、州柔城には百済再興の精神的支柱だけがのこった。

唐・新羅はこれを好機として州柔城を包囲し、これを一挙に落とそうと企てた。天智は州柔城だけは失なってはならないと判断、救援軍の増派を決断する。錦江の下流北岸にある州柔城を救援するためには錦江を遡上しなければならないので、水軍を編成・派遣することになったのである。

他方、唐は、倭国水軍の来援を阻止するために水軍を組織し、これに備えようとした。

八月、決戦の時が迫った。その時、豊璋が思わぬ行動に出たのである。『日本書紀』天智二年（六六三）八月甲午《こうご》条につぎのように見える。

新羅は百済王（豊璋）が良将福信を斬り棄てたことを知って、直ちに百済旧領に攻め入り、まずは州柔（周留）を落とそうと謀った。百済王は敵の作戦を知って、諸将につぎのように諮《はか》った。「今聞いたところによれば、大日本国《やまとのくに》の救援軍の将、廬原君臣《いおはらのきみのおみ》が健児万余を率い、海を越えこちらに向かっているという。願わくば、諸将は事前に作戦を立ててもらいたい。吾は自ら白村《はくすき》に赴き、救援軍を迎え、饗応してその労をねぎらいたいと思うのだ」

八月十三日、何と豊璋は、倭国水軍の出迎えに行くと称し、以前から嫌っていた州柔城を出てしまったのである。豊璋はその後、無事に倭国水軍に合流することができたらしい。こうして、州柔城から百済復興の精神的な支柱まで消えた。州柔城の戦略上の価値が激減したことはたしかであろう。それでも倭国水軍は唐水軍を撃破し、州柔城の救援に駆けつけねばならないというのか。

八月十七日、唐・新羅両軍は州柔城の包囲を完了、軍船百七十艘から成る唐水軍は白《はく》村江《すきのえ》（錦江河口）に布陣した。倭国水軍が州柔城の来援に向かうには、この白村江を突破せざるをえない。

両軍最初の衝突があったのは八月二十七日のことであった。倭国水軍はまだ全軍が到着していなかったが、試みに唐水軍に攻撃を仕掛けて敗退した。戦闘の後に唐水軍はさらに陣形を堅固にして、決戦に備えた。翌日の決戦のようすは『日本書紀』天智二年八月己酉《きゆう》条につぎのように描かれている。

> 日本の諸将と百済王とは、気象を見ることなく、つぎのように話し合った。
> 「われらが先を争うように攻めかかれば、敵はおのずと退却するであろう」
> さらに、隊列が乱れた中軍を率いて、すすんで大唐の強化された堅固な軍陣に襲いかかった。大唐側は左右から日本の軍船を挟み打ちにして戦った。瞬《また》く間に日本側は敗退した。河に飛び込んで溺死する者が多かった。船の向きを変えることもできなかった。朴市田来津《えちのたくつ》（秦田来津《はたのたくつ》）は天を仰いで誓い、歯軋《はぎし》りをして憤激し、数十人を殺して戦死を遂げた。この時に、百済王の豊璋は数人とともに船に乗り、高句麗に向けて逃走した。

『旧唐書《くとうじょ》』劉仁軌《りゅうじんき》伝は、この日の戦いをつぎのように記す。劉仁軌は白村江の戦いに参戦した唐の武将である。

唐の孫仁師《そんじんし》・劉仁願《りゅうじんがん》と新羅王の金法敏《きんほうびん》（文武王《ぶんぶおう》）は、陸軍を率いてすすんだ。これとは別に劉仁軌は、杜爽《とそう》と扶余隆《ふよりゅう》とともに水軍と糧船を率い、熊津江《ゆうしんこう》から白江《はくこう》に向かった。そして陸軍と合流すると、周留城に赴いたのである。仁軌は倭国の水軍と白江の河口で遭遇し、四度戦い四度とも勝った。倭国の軍船四百艘は焼き払われ、その煙は天を覆いかくし、海水は赤に染まった。こうして倭国水軍は壊滅し、扶余豊《ふよほう》（余豊璋）は戦場を脱して逃走した。

これらによれば、唐水軍は百七十艘、それに対し倭国水軍は四百艘であり、軍船の数という点では倭国のほうが唐を完全に凌駕しているように見える。また、『日本書紀』の記述によると、倭国水軍が統制の取れていない、個別分散的な攻撃に終始したのに対し、唐水軍の軍船の動きは巧妙で機動的なものだったようである。

白村江の戦いの勝敗を分けたものは、両軍の軍備や戦力の差であったといわれることが多い。すなわち唐の軍船は巨大で堅固であり、倭国の軍船は数こそ唐のそれを上回っていたが、規模も小型で脆弱《ぜいじゃく》なものだったというのである。倭国水軍は、唐水軍の圧倒的な戦力の前になす術《すべ》もなく敗れ去ったとされている。しかし、唐の軍船と倭国の軍船のあいだに規模や構造の点で決定的な格差があったというのは、当時の唐と倭国の総合的な国力の格差をふまえて導き出された推測の域を出ていない。倭国の軍船が唐の軍船と較べて極端に見劣りのするものであったという証拠は見当たらない。

むしろ、両軍の勝敗を分けたものとして注目されるのは、倭国が決戦の直前、「われらが先を争うように攻めかかれば、敵はおのずと退却するであろう」と予測しているように、自軍の戦力に過大な自信をもっていたことである。さらに、倭国は中軍の隊列が乱れており、そのため唐軍による左右からの挟撃を容易にゆるしてしまうなど、全体として統制力に欠け、なぜか焦っていることであろう。

そうだとすると、倭国の諸将と余豊璋が「気象を見ることなく」戦いにふみ切ったとする記述をどう解釈するかが問題となる。「気象」が当日の戦場を取り巻く気象条件、すなわち天候や風向き、潮の流れなどを指すとすれば、「気象」などということばを使わずに、雨や風、潮の流れと書けばよいところである。

そうは書かないで「気象」と記しているのだから、この「気象」とは天候や自然現象を意味するのではなく、「人間の心理や感情」の意で使われていると見なすべきだろう。この「人間の心理や感情」とは、決戦の直前に豊璋が州柔城を出てしまったことにより、州柔城の戦略的価値が一挙に下落し、そのために同城の救援に駆けつけた倭国水軍のなかに意志の不統一や作戦上の齟齬《そご》が生じてしまったことを指しているのではあるまいか。

倭国水軍は唐水軍を凌駕する戦力を有していたが、錦江の河口（白村江）を封鎖するように布陣した唐水軍を眼前にして、決戦あるのみとする強硬論と、決戦回避＝一時撤退を唱える慎重論の二者選択を迫られたのである。だが結局、自軍の優越を過信する威勢のよいだけの主戦論が採択されたことが最大の敗因だったと考えられる。要するに、何を最大の目標に据えて戦うのかという点で、全軍の意志が統一されていないまま戦闘に突入した当然の帰結がこの大敗だったといえよう。州柔城を救援すべく渡海して来た倭国水軍のなかに、唐水軍と戦う危険や損害を覚悟してまで来援に向かう意味があるか、という根本的な懐疑を生じさせてしまった責任が、決戦前夜、州柔城を出奔した余豊璋その人にあることは否めない。

この最後の百済王は、辛くも戦場を脱して高句麗に逃走したが、その後、行方知れずになった。

「白村江」以後――通説に異議あり

白村江の戦いの敗因は、唐軍と倭国軍のあいだの戦力の格差にあったのではない。倭国水軍は唐水軍を上回る戦力を白村江に結集していながら、戦略目標を一つに絞り込むことができず、無残な大敗を喫したということができよう。

白村江戦後、天智天皇は未曾有《みぞう》の敗戦の処理に忙殺されることになったといわれる。唐軍が白村江の大勝の余勢に乗じて、日本列島に侵攻して来る危険があったので、天智としてはその対策に万全を期さねばならなかったというわけである。彼がなかなか即位しなかったのも、また、後に飛鳥から近江の大津に遷ることになったのも、すべてそのためだったという説が有力である。

しかし、すでに述べたように、倭国が白村江で大敗したのは、彼我《ひが》の戦力に最初から決定的な格差があったためではなかった。唐に倍する兵力を有しながら、作戦面の不統一で敗れ去ったのである。したがって、倭国は白村江で敗れたとはいえ、唐や新羅にとっては、依然として大きな軍事的な脅威であったと考えられる。

ましてや、白村江以後、唐は新羅とともにまずは宿敵、高句麗を倒さねばならなかった。六六八年に高句麗が滅亡した後は、朝鮮半島の支配をめぐって唐と新羅は戦闘に突入した。唐に倭国侵攻の計画もその余裕もなかったというのが真相であろう。

天智が、北部九州に水城《みずき》や金田城・大野城・椽城《きのき》など、瀬戸内海沿岸の各地に長門《ながと》城・屋嶋《やしま》城などの軍事施設を構築し、列島防衛に専心していることを理由に、当時、唐軍の侵攻は現実的な危機だったのだという意見には根強いものがある。しかし、西日本各地に造られたこれら山城が、実際に外敵の来襲があった場合、どの程度の防衛効果を期待できるのか、具体的に考えてみるならば、それはかなり疑問ではないだろうか。

むしろ、天智が西日本に造らせた山城は、一つには唐・新羅に対する軍事的な威嚇のためであったと考えられる。白村江以後、唐・新羅は高句麗との戦争ばかりでなく、その後は唐・新羅間の戦争を控えていたから、倭国の軍事力がいかに巨大で利用価値があるかを両国にアッピールするのに、これほど有効な手段はなかったであろう。たしかに西日本各地の山城は、予想される唐軍の侵攻ルートに築かれているが、それは唐や新羅の使節の通り道でもあった。山城はむしろ、これら外来の使者に見せつけるのがねらいだったのではあるまいか。

そして今一つには、このような山城を造るために民衆から労役を徴収し、それを通じて民衆への支配を一段と強めるためだったと考えるべきであろう。それは、かつて孝徳《こうとく》天皇が制定し、斉明《さいめい》が実施した民衆からの労働力の徴発・編成の延長線上に位置づけることができる。このように、白村江戦後、唐軍来襲は現実的な危機だったというよりも、東アジア情勢に関する情報を完全に独占していた天智天皇ら当時の支配者集団が、国家による民衆への統制強化をねらって打ち出したデマゴーグと見なすのが妥当であろう。

また、天智が飛鳥を離れて大津に遷ったのは、唐の列島への侵攻に備え、北部九州や瀬戸内海沿岸に山城を築造したことの一環であり、その総仕上げであったといわれることが多い。飛鳥よりも大津のほうが外敵の侵入に備えるには有利であったというのである。

しかし、これも疑問が多く、大津は水陸両方の交通の要衝ではあっても、後述する壬申《じんしん》の乱における攻防を見ても明らかなように、防衛という点では決して有利な場所ではなかった。天智が防衛上の観点から大津をえらんだとは考えがたい。

なぜ、近江の大津がえらばれたのか

天智は斉明女帝の在世中から、有力な王位継承資格者として彼女の輔佐役の地位にあったから、斉明急死後は事実上の大王であったといっても過言ではない。問題は、その彼がどうして正式な即位の儀式を挙げなかったのかということである。

それはやはり、天智が正式に王位を継承するにあたって、形式上の不備や不足があったためと考えられよう。さらに、天智がその即位の場所として、どうして飛鳥ではなく近江の大津をえらんだのかという問題もある。天智の称制が長期におよんだ理由と、彼が飛鳥

から近江に遷った理由については、両者を切り離して考えるべきではなく、二つの設問は関連させて解明すべきであると思われる。

先に述べたように、天智は前大王斉明の遺志や事業を正当に引き継ぐことがなければ、正式な王位継承を果たすことができなかった。白村江戦後、天智の即位が順延され、その結果、彼による称制が長期におよぶことになったのは、斉明の遺志や事業の引き継ぎにそれだけ多くの時日を要したためであった、と考えることができよう。そして結果的に、天智が飛鳥から近江の大津に大王の政治的拠点を遷したのは、そこが斉明の遺志と事業を引き継いだ新大王の本居地として最も相応しい、と見なされたからに違いない。

かつて斉明は、阿倍比羅夫《あへのひらふ》らを東北の日本海側に派遣し、軍事力を背景に沿岸の住民を服属させて、かれらを大王の支配領域のはるか東方にあって大王に従属・朝貢する夷狄《いてき》＝蝦夷《えみし》に仕立て上げようと企てた。天智はまず何よりも、この成果を引き継ぐ必要があったわけで、斉明によるそのような達成をたんに受け継ぐだけでなく、それをさらに強化するのに都合のよい場所に政治的な拠点を設ける必要があったのである。

古来、水陸交通の要衝であった近江の大津は、その点で申し分のない場所だったのであろう。大津は琵琶湖の水運によって越前国《えちぜん》（現在の福井県）の要港、敦賀《つるが》との連絡に便があり、敦賀を起点にすれば当時は越国《こしのくに》とよばれていた北陸一帯との往来も容易であった。

かつて東北遠征を行なった阿倍比羅夫の当時の肩書は越国の国司（北陸一帯の行政の最高責任者）であり、越国は対蝦夷の軍事作戦の前線基地だった。その越国に敦賀や琵琶湖を介してつながっている大津は、大王みずからが服属した蝦夷をコントロールし、それに睨みをきかせるという点で、それに代わる適地はもとめがたかったに違いない。

以上のとおりだとすれば、天智天皇が飛鳥を離れ近江大津に本居地を遷したのは、彼が斉明の遺志と事業、すなわち東方の夷狄＝蝦夷に対する支配という成果を引き継いだことを、誰の目から見ても分かるように示すためであったことになろう。大津は飛鳥とは異なって、夷狄＝蝦夷を従属させ、その朝貢を受ける大王の政治的拠点として、新たにえらび取られた場所だったのである。

斉明の急逝からいわゆる近江遷都まで、五年八カ月という決して短くない時間を要することになったのは、その間に斉明から引き継いだ百済救援戦争の遂行、そして白村江の戦後処理に繁忙を極めたことに加え、蝦夷をしたがえた大王の新しい拠点に相応しい場所を探しもとめ、さらに場所が大津と決まった後も、そこに宮殿を建設するのに予想以上に手間取った結果といえるであろう。

大津に大王の宮殿を造営するとなれば、宮殿だけを建設すればすむことではない。現代に生きるわれわれから見れば、なんと悠長なといいたくなるところだが、大王宮周辺の土地を特別な場所、神聖な空間とする基礎工事が不可欠となる。近江大津宮の周辺には、天智が建立したという崇福寺《すうふくじ》を初めとして、南志賀廃寺や園城寺《おんじようじ》（三井寺《みいでら》）前身寺院、それに穴太《あのう》廃寺など、宮殿とほぼ同時期に造営された寺院が存在した。おそらく大津宮の造営

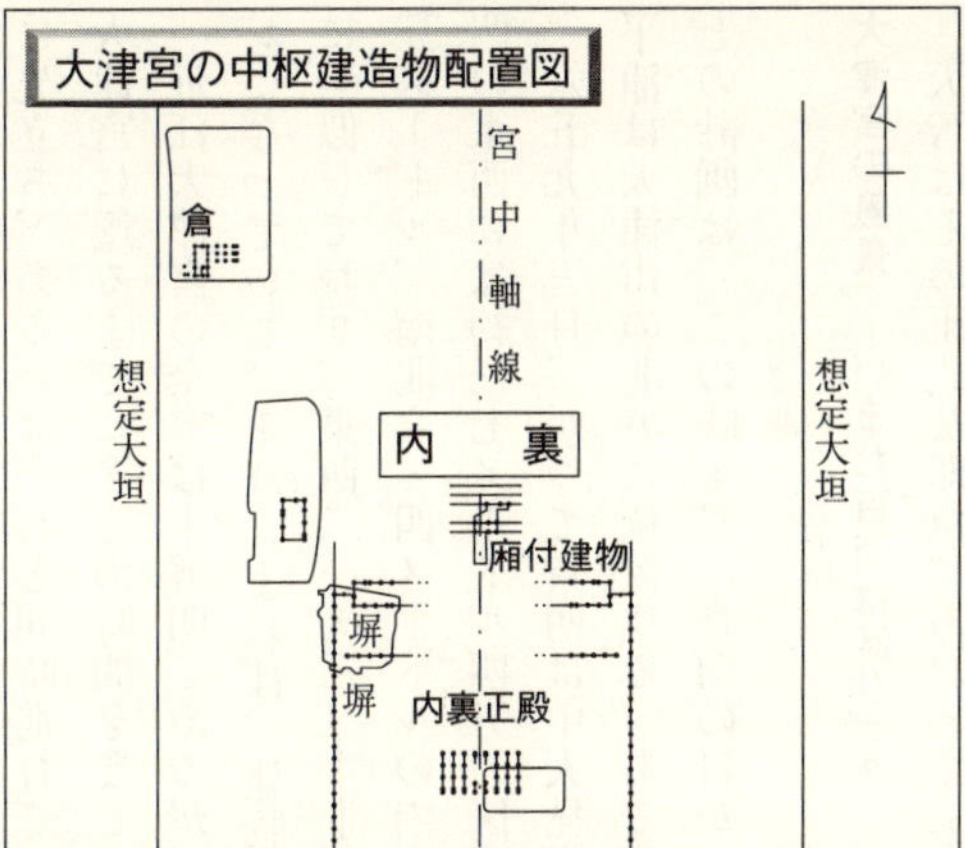

大津市博物館『古代の宮都　よみがえる大津京』より

に先立ち、あるいはそれと同時進行で、これら寺院の建立も行なわれたとすれば、天智が大津宮に遷るまでに多くの時間を要したのは、決して不思議なことではない。

近江大津宮の全容は未解明であるが、その中枢部分は大津市錦織《にしこおり》地区で発掘により明らかになっている。それによれば、建物の配置は全体として前期難波宮（難波《なにわ》長柄豊碕《ながらとよさきのみや》宮）に酷似しており、東西二一・三メートル、南北一〇・四メートルの内裏西殿、東西二一・三メートル、南北六・四メートルの内裏南門のほか、回廊、塀などが確認されている。南門の東西には約三七メートル四方の区画があった。

六五九年三月、かつて斉明は中大兄皇子とともに近江国の平浦《ひらうら》に赴いたことがあった。平浦は大津市の北方に位置する。あるいは、近い将来、大津の地に王権の拠点を設けようとの計画は、この時すでに斉明の口から発せられていたのかも知れない。

大津宮の風景——いまだ百済は滅びず？

天智はその正式な即位にあたって、斉明が在位中に起こした二大軍事作戦の成果を引き継がねばならなかったのだが、そのうち東北遠征のほうは現実に夷狄＝蝦夷を服属させ、かれらへの支配の拠点となる近江大津宮を造営することができた。しかし、もう一つの軍事作戦、百済救援のほうは、唐水軍を上回る大規模な軍事力を戦場に投入しながらも、結果的に惨憺たる敗北に終わってしまった。

天智は、百済を西方の蕃国として大王の支配下に置こうとした斉明の遺志を現実のものとしない以上、正式に即位することはできないのである。天智は正式な即位に向けて、この点をどのようにカバーしようとしたのであろうか。

それは一つには、百済ついで高句麗を滅ぼし、やがて唐の軍事力をも排除して朝鮮半島の統一を実現することになる新羅を相手にした外交であった。大王に従属・朝貢する蕃国にしようとした百済が消滅してしまったのだから、天智は朝鮮半島に唯一のこった国家、新羅にはたらきかけ、少なくとも倭国が新羅の上位にあることをみとめさせようとしたのである。律令制のもとで新羅は、後に成立する渤海《ぼっかい》(高句麗の後裔と称した)とともに蕃国と位置づけられることになるが、倭国は粘り強い外交交渉によって、新羅に倭国の要求を呑ませることに成功することになる。

さらに天智は、実際には滅び去ったはずの百済があたかも実在し、蕃国として大王の従属下にあることを演出しようとした形跡がある。それは、つぎの『日本書紀』天智十年(六七一)正月是月条から窺うことができる。

大錦下《だいきんげ》を佐平《さへい》余自信《よじしん》・沙宅紹明《さたくしょうみょう》(法官大輔《のりのつかさのおおきすけ》)に授けた。小錦下を鬼室集斯《きしつしゅうし》(学職《がくしきの》頭《とう》）に授けた。大山下《だいせんげ》を達率《だちそち》の谷那晋首《こくなしんしゅ》（兵法の専門家）・木素貴子《もくすきし》（兵法の専門家）・憶《おく》礼福留《らいふくる》（兵法の専門家）・答㶱春初《とうほんしゅんそ》（兵法の専門家）・㶱日比子賛波羅金羅金須《ほんにちひしさんはらこんらこんす》（薬法の専門家）・鬼室集信《きしつしゅうしん》（薬法の専門家）に授けた。小山上を達率の徳頂上《とくちょうじょう》（薬法の専門家）・吉《きち》大尚《だいじょう》（薬法の専門家）・許率母《こそつも》（五経の専門家）・角福牟《ろくふくむ》（陰陽《おんよう》の専門家）に授けた。小山下をその他の達率ら、五十人余に授けた。

これは明らかに、前後の宮廷には見られない光景といえよう。百済から亡命した貴族たちが、意図的に近江大津宮に登用されているのである。「大錦下」「小錦下」の冠位は、律令制のもとでは四位・五位に相当する。これは通貴とよばれ、貴族階級に準ずる身分である。「大山下」や「小山上」「小山下」は律令制の六位・七位にあたり、これは非通貴といって、貴族とはいえないが、官僚としては決して最下層の身分ではない。

このように、天智が百済亡命貴族のうち、兵法や薬法など学識や特殊技能をもつ者をほぼ一斉に起用しているのは、これだけまとまった登用であるから、何らかの意図があったことは明らかであろう。

これら百済亡命貴族を近江大津宮に大量に登用したのは、天智にとっての即位の条件である斉明の遺志と事業を正当に引き継ぐことに関係があろう。すなわち、天智が斉明から受け継いだものの、残念ながら実現できなかった百済を蕃国として従属させることが、極めて部分的とはいえ、このような形で現実のものとなったことを内外に示すというねらいがあったのではなかろうか。近江大津宮という空間のなかだけでは、百済はいまだに滅び去ってはいなかったといえよう。近江大津宮は、東方の夷狄である蝦夷のみならず、西方の蕃国としての百済をもしたがえた大王の拠点と見なされることになったのである。

もちろん、斉明が完成させた飛鳥＝倭京《やまとのみやこ》も天智によって継承された。天智は大津宮に遷った後も、みずから飛鳥に赴き、その掌握につとめている。また、常時は大津にいる自分に代わって飛鳥を統括する留守司《るすのつかさ》を任命しているのは、大王の地位と権力の象徴としてこの都市空間がなお重要な存在であったからにほかならない。

天智後継の決定にも斉明の影

飛鳥＝倭京は、一般の豪族層を超越・凌駕《りようが》した大王の地位と権力に見合う居所とそれを取り巻く都市空間として築造された。他方、近江大津宮は、さらに東方の夷狄（蝦夷）と西方の蕃国（百済など）をしたがえる大王の政治的拠点として造営された。

天智は、飛鳥だけでなく近江大津宮という二つの政治的拠点を所有するという点で、従来の大王とは比較にならない地位と権力をその手に入れた。したがって、彼の地位と権力を継承しようとする者は、飛鳥と近江大津宮と、この二つの拠点を手中に収めなければならないことになったのである。

天智天皇がようやく即位したのは六六八年正月のことであったが、大変皮肉なことに、彼は即位早々、次期大王を指名・決定しなければならなかった。彼はすでに四十三歳になっていたのである。

三年後の六七一年の正月、天智はついに次期大王の名を発表する。それは『日本書紀』天智十年正月癸卯《きぼう》条につぎのように見える。

この日に、大友皇子《おおとものみこ》を太政大臣《だいじようだいじん》に任命した。蘇我赤兄臣《そがのあかえのおみ》を左大臣に、中臣金連《なかとみのかねのむらじ》を右大臣とした。蘇我果安臣《そがのはたやすのおみ》・巨勢人臣《こせのひとのおみ》・紀大人臣《きのうしのおみ》を御史大夫《ぎよしたいふ》とした。

大友皇子は、天智と伊賀采女《いがのうねめ》の宅子娘《やかこのいらつめ》とのあいだに六四八年に生まれた。この時、二十四歳である。天智は彼の最年長のむすこである大友を「太政大臣」という新設の要職に就けることにより、次期大王としての擁立を決定したのであった。この若い皇子の輔佐役として五人の重臣が選任された。

大友の母、宅子娘は、大王家の一族でも、また蘇我氏のような有力な豪族の出でもない。そのため、大友には本来、即位資格などなかったといわれている。それなのに天智が大友を次期大王に決めたのは、父親として彼のことが可愛くて仕方がなかったからだというのだが、これは証拠も何もない臆測である。天智がたんなる我が子への愛情だけで、次期大王を決定したとは考えがたい。

大友皇子はなぜ天智後継に指名されたのだろうか。この決定にも、またもや斉明女帝の影が見え隠れする。

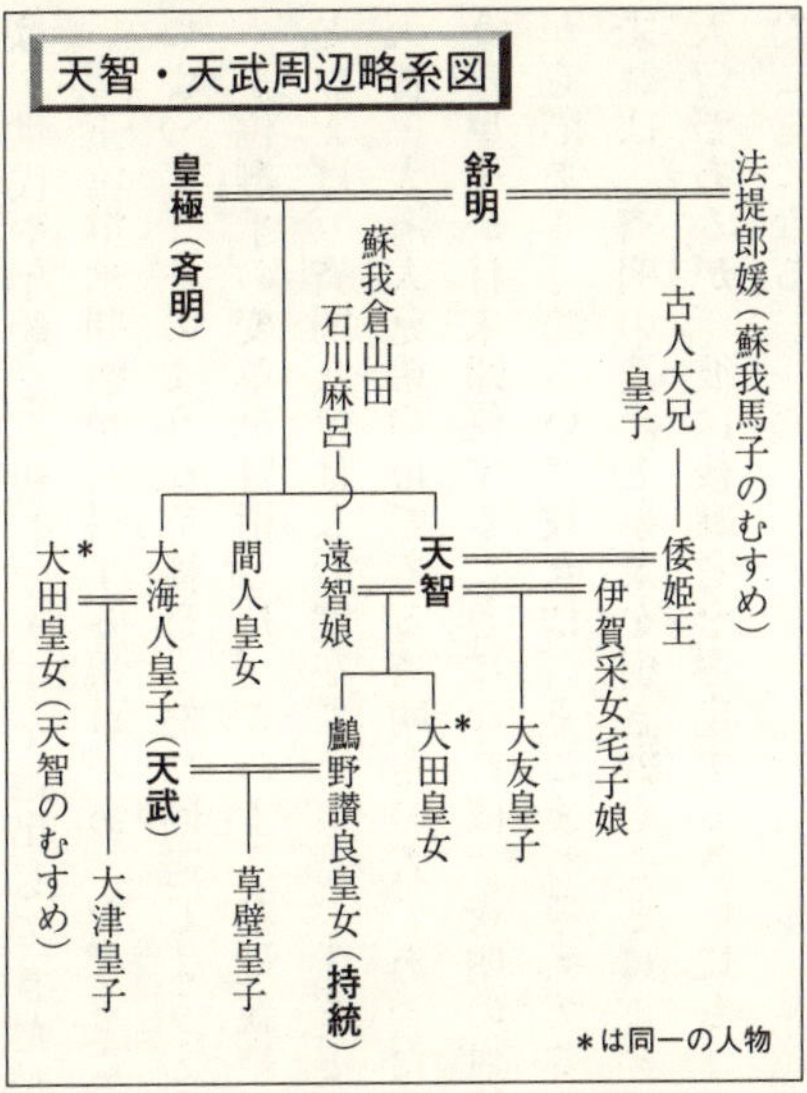

天智にはむすめが多かった。彼は、そのうち大田皇女《おおたのひめみこ》・鸕野讃良皇女《うののさららのひめみこ》らを同母弟、大海人皇子《おおあまのみこ》に娶《めと》らせた。六六〇年頃のことである。大海人と天智のむすめとのあいだには草壁皇子《くさかべのみこ》や大津《おおつの》皇子《みこ》が誕生した。天智はやがて、自分の孫であり、そして弟大海人の血を引く、大変特殊な血統の持ち主である草壁や大津らを将来の王位継承資格者にしようと考えたのである。それまで

は、世代や年齢を重視して大王を選出してきたが、それでは時に候補者が集中してしまい、王位継承問題が紛糾する惧《おそ》れがあった。そこで、王位継承の条件をより限定することによって、そのような危機を未然に回避しようと企てたのである。

王位継承の変革を目指した、このような近親結婚が行なわれるようになった六六〇年頃といえば、斉明女帝はなお健在であった。すると、このような近親結婚を計画したのは、天智・大海人兄弟の母である斉明その人であった可能性が極めて大きい。草壁や大津のような皇子が将来即位することになれば、斉明の血筋は確実に引き継がれていくことになるからである。あるいは彼女は、そこまで考えてこの結婚を仕組んだのだろうか。そうだとすれば、斉明の遺志と事業を引き継ぐことによって、晴れて王位を継承することができた天智であるが、彼は後継者を選定するさいにも、母親の意向を無視することができなかったことになる。

ところが、即位から三年経った頃、天智は自分の余命が決して長くはないことを悟り、ここ数年のうちに自分が亡くなった場合、草壁や大津はまだあまりに幼なく、とても即位は無理だということを思い知らされる。そこで、大津や草壁が成長し、即位が可能になるまでのあくまでも「中継ぎ」の大王ということで、天智の最年長のむすこだった大友皇子に着目するに至ったのではないだろうか。

大海人皇子は、舒明・斉明夫妻の次男であったから、同じ母から生まれた皇子たちのうち最年長の者に王位継承権がみとめられていた当時、彼には即位資格は基本的にみとめられていなかったと見られる。彼はあくまでも、我が子である草壁や大津、またはかれらの「中継ぎ」役に指名された甥の大友皇子の後見人にすぎなかった。しかし、大海人を長年にわたって支持してきた豪族たちは、彼を中心に天智とはまったく違う将来構想を描きつつあったのである。

内乱の跫音《あしおと》が、ひそやかに、確実に迫りつつあった。それは、ほかならぬ天智にも聞こえていたはずである。

第八章　飛鳥をめぐる攻防——天武天皇の死闘

伝飛鳥板蓋宮跡。ここが、天武のつくった飛鳥最後の宮殿・飛鳥浄御原宮のあった地と見られる。

撮影・桑原英文

大海人皇子、吉野へ去る

六七一年九月、天智天皇が病に倒れた。一説には八月であったという。

天智は、以前から弟大海人皇子《おおあまのみこ》の言動に不審なものを感じていたが、病気をきっかけに弟への猜疑心《さいぎしん》は増すばかりであった。ついに彼は意を決して、弟の真意をたしかめようとした。その模様は『日本書紀』天智十年十月庚辰《こうしん》条につぎのように記されている。

天皇（天智）の病状は思わしくなかった。そこで東宮《もうけのきみ》（大海人皇子）を召して、寝殿に引き入れると、

「朕《われ》の病はもう治らないだろう。そなたに後事を託したいと思う」と告げた。東宮は再拝すると、持病を理由にこれを断わり、つぎのようにいった。

「お願いです、王位を大后《おおきさき》（倭姫王《やまとひめのおおきみ》）にお授けください。そのもとで大友王《おおとものみこ》には諸政の奉宣を任せればよろしいでしょう。それがしは陛下のために出家して修行に勤めたいと思います」

天皇はこれを許した。東宮は立ち上がると、再拝した。すぐに内裏の仏殿の南に向かい、胡座《あぐら》をかいてすわり、髭と髪を剃り落とし、法師となった。天皇は次田生磐《すきたのおいわ》を遣

わし、袈裟《けさ》を贈った。

天智が大海人にたしかめようとしたのは、かねてからの約束どおり、将来の大王候補である草壁皇子《くさかべのみこ》・大津皇子《おおつのみこ》、さらにかれらが成長するまでの「中継ぎ」として即位が予定されている大友皇子の輔佐役・後見人として今後も尽くしてもらえるかどうかということであった。ところが大海人は、持病があるためにそれは出来ないと返答したのである。

それは、病気を理由にこれまでの約束を一切反故《ほご》にすることであって、天智に対する重大な裏切りにほかならない。天智は寝室の外に兵士を待機させていたようで、大海人の返答いかんによっては、天智の合図によって、かれらが大海人に向かい一斉に襲いかかる手筈となっていた。

しかし、大海人は事前に通報する者があって、天智の計略をすでに知っていた。だから彼は、天智の将来構想を根本的に否定せず、なおかつ自分をぬきにしても成り立ちうる新体制について言及しなければならなかった。それが天智大后、倭姫王の即位、すなわち女帝の擁立案だった。そして、天智が次期大王にと考えていた大友皇子には、女帝のもとで政治の実際を経験させせよ、というのが大海人のアイデアであった。

これは一見したところ、大変唐突な考えのように思われる。だが、かつて女帝推古の輔佐役に有力な王位継承候補だった厩戸《うまやとの》皇子《みこ》が立ち、その後、皇極女帝の時には古人大兄《ふるひとのおおえの》皇子《みこ》（但し、女帝の輔佐役に正式就任しようとした日に、武力発動によってそれを覆された）、斉明女帝の時には中大兄皇子といったように、王位継承資格をもつ若い皇子が女帝を輔佐するという体制は、すでに歴史的に実験済みの安全な選択であった。それに大友皇子は当時まだ二十四歳であり、王位に就任するにはなお数年が必要だったのである。

この大海人案は天智の将来構想を根底から否定するものではなかったから、天智としても文句のつけようがなかったに違いない。だが、これまで大后が大王として即位できたのは、大后が大王の政治を輔佐し、彼女自身、執政の経験と実績を十分にもっていることが大前提であった。ところが、倭姫王は天智の大后とはいえ、執政の経験と実績はほとんどないに等しかった。

それは、大后から女帝になる者が相次いであらわれ、そのために有力な皇子がその輔佐役に立つことが多くなった結果、もともと大王の輔佐役だったはずの大后が、有力な皇子たちにそのお株を奪われたことが理由の一つに考えられる。また、倭姫王は天智の異母兄（古人大兄皇子）のむすめで、血筋こそ天智大后となるのに相応しいものがあったが、倭姫という特別な名前からも明らかなように、この時期、大王家の始祖神（後に天照大神《あまてらすおおみかみ》となった）の祭祀に関わる役割を専ら果たしていたのである。大后から大王へという先例があるからといって、そのような彼女が直ちに大王になれるはずがなかった。その点で大海人の構想には重大な欠陥があった、といわねばならない。

万が一、倭姫王が即位した場合、これまでの女帝のようにいずれ次期大王を指名・決定することになるわけだが、その時に女帝の指名を受けるのが女帝の政治を輔佐してきた大友皇子となることは明らかである。しかし、乙巳《いっし》の変における古人大兄の例もあるわけで、次期大王に指名され、女帝を輔佐するはずだった有力な皇子が、武力によって一瞬のうちにその地位を失なってしまうことが起きないとも限らない。

女帝倭姫王が立ち、そのもとで大友皇子が政治の実務にあたることになろうとも、大海人が大友皇子を否定して王位をねらおうとする野心がまったくないとはいい切れないわけである。天智とすれば、やはり大海人を斬るべきだということになる。

だが、大海人の巧妙さは、独自の将来構想を口にした後、出家の決意を表明し、直ちに剃髪《ていはつ》してしまったことである。出家して俗世を離れてしまえば、王位継承など埒外《らちがい》のことになる。さらに出家の身には武器は不要というので、彼は自分や従者が保持していた武器まで政府に返還して見せた。これでは挙兵を企てようにも、手の打ちようがない。こうして大海人は、王位継承への野心が微塵《みじん》もないことを明らかにして、天智の嫌疑を辛うじてかわすことができたのである。

天智から見れば、大海人は限りなく黒なのであるが、彼はあえて目の前で弟を斬殺することだけは思いとどまった。それは彼が、出家して身に寸鉄すら帯びていない大海人には、どう足掻《あが》いても大友皇子を倒すことは不可能と判断したからであろう。天智は、たとえ大海人が八方手を尽くし挙兵にふみ切ったとしても、それを容易に粉砕できる万全の策をすでに考え出していたのである。

吉野宮――斉明が創ったもう一つの聖地

天智と大海人の最後の会見があった翌々日（十月十九日）、大海人皇子は仏道修行のためと称して吉野宮《よしののみや》に入ることを願い出て、許しを得ると、その日のうちに大津宮を後にしている。

大海人が向かった吉野宮は、いうまでもなく斉明女帝が造営したものである。六五六年、斉明は両槻宮《ふたつきのみや》（天宮《あまつみや》）や「石の山丘」などとともに吉野に離宮を造った。大海人はなぜ、吉野宮に隠棲したのであろうか。

吉野は、後に奈良時代の皇族や貴族たちによって道教の神仙郷、すなわち不老不死の神仙が住まう理想的な世界と見なされるようになる。斉明が同時期に造った両槻宮や「石の山丘」が道教に関係する施設だったことを思えば、吉野宮もたんなる離宮ではなく、道教

吉野川の対岸に、吉野宮があったと見られる宮滝遺跡がある。
撮影・桑原英文

に関わる宗教的な施設であったと考えられる。もちろん、山々が幾重にも折り重なり、巨岩や奇石の迫る吉野川が流れる吉野の地は、以前から神々の住む神聖な領域とされていたであろうが、そこに斉明の手で吉野宮が造営されたことによって、その評価は決定的なものになったといえるであろう。

奈良県吉野郡吉野町にある宮滝遺跡《みやたきいせき》が、吉野宮の中枢遺構だろうといわれている。そこでは飛鳥時代の池跡や柵列の跡などが確認されている。このうち池跡は、東西五〇メートル、南北二〇メートル、深さは約六〇センチメートルを測り、池中央には東西一三メートル以上、南北八メートル以上の不正形の中島が存在した。このような苑池《えんち》、とくにそこに浮かぶ中島は、道教の神仙の世界を表現したものであるという意見もある。

さらに、吉野が大王家や王権にとって特別な場所、聖なる空間と見なされるようになったのも、吉野宮の存在が大きな要因となったと思われる。吉野は王権にとってどのような場所だったのだろうか。これに関しては、『万葉集』巻第六に収める笠金村《かさのかねむら》の歌が参考になる。七二三年（養老《ようろう》七）五月、聖武《しょうむ》天皇の吉野行幸に金村がしたがった時に詠まれたものである（九〇七番）。

滝の上《へ》の　御舟の山に　瑞枝《みづえ》さし　繁《しじ》に生ひたる　栂《とが》の樹の　いや継ぎ嗣《つ》ぎに　万代《よろづよ》
に　かくし知らさむ　み吉野の　蜻蛉《あきづ》の宮は　神柄《かむから》か　貴《たふと》くあるらむ　国柄《くにから》か　見が
欲《ほ》しからむ　山川を　清《きよ》み清《さや》けみ　うべし神代《かみよ》ゆ　定めけらしも

（吉野川の流れのほとりの御舟山　瑞々しい枝を生い茂らせたツガの木　それと同じように　これまでもこれからも　お栄えになられる天皇　その吉野の蜻蛉の宮は永遠の宮　それがかくも貴く厳かなのはひとえに神の力　それを見たくて見たくて仕方ないのはひとえに神の国ゆえ　山川の清らかなさま　それは神代よりここが　天皇の宮と定められた何よりの証し）

この歌は、聖武天皇のめでたき今の代が、「神代」と讃えられたある天皇の代につながっており、両者に共通する舞台として吉野宮が存在するのだ、という意識を詠み上げている。ある天皇とは大海人皇子（天武天皇）にほかならない。興味深いのは、実際には斉明が造営したはずの吉野宮が、大海人の手で造られたとされていることである。

それでは、大海人とは一体、どのような意味で神だったというのだろう。また、どうして史実とは異なり、彼が吉野宮を造ったことになっているのであろうか。これに関しては、柿本人麻呂《かきのもとのひとまろ》が大海人のむすこである草壁皇子《くさかべのみこ》の葬礼で作ったという長歌が手掛かりをあたえてくれる（『万葉集』巻第二、一六七番）。

天地《あめつち》の　初《はじめ》の時　ひさかたの　天の河原に　八百万《やほよろづ》　千万神《ちよろづがみ》の　神集《かむつど》ひ　集ひ座《いま》し
て　神分《かむわか》ち　分ちし時に　天照らす　日女《ひめ》の尊《みこと》　天をば知らしめすと　葦原《あしはら》の　瑞穂《みづほ》
の国を　天地《あめつち》の　寄り合ひの極《きはみ》　知らしめす　神の命《みこと》と　天雲の　八重かき別けて
神下《くだ》し　座せまつりし　高照らす　日の皇子は　飛鳥《とぶとり》の　浄《きよみ》の宮に　神《かむ》ながら　太敷《ふとし》
きまして　天皇《すめろき》の　敷きます国と　天の原　石門《いはと》を開き　神あがり　あがり座しぬ
（後略）

（天地創造の初め　はるか彼方の天の河原に　数えきれないほどの神々が神々しく集まり　神々を
それぞれ支配すべき国にお分かちになった時　天を支配する天照大神が　葦原の中つ国の隅々まで

支配せよとて　天雲の八重に重なる雲をかき分け　神々しくもお下しになった　天高く光り輝く日の御子　飛鳥の浄の宮で　神の御身でこの国を治められ　やがて天上こそ永久に治める国とて　天の御門を開いて　神としてお昇りになられた……）

この人麻呂の歌は、天上世界を支配する天照大神が、「葦原の中つ国」すなわち日本列島を統治させるために差し遣わした「日の御子」という神格こそが大海人なのだと詠じている。このように、大海人自身が神そのものなのであって、吉野宮がこの神の手によって造られたとされているのは、彼が即位して天武天皇となってからは、六七九年五月のたった一回きりしか吉野に足を運んでいないことから見て、ひとえに大海人が壬申《じんしん》の乱前夜のおよそ半年間を吉野宮で過ごし、そして未曾有の内乱に大勝利を収めた、と考えられたからにほかならない。

大海人は内乱直前の日々をここで過ごすことによって、王権継承の正当性や神聖性のみならず王権奪取のパワーまで身に着けたというわけである。そうだとすれば、吉野宮は王権の誕生、または王権再生に関わる聖なる施設だったことになろう。だが、以上はすべて歴史の後知恵なのであって、大海人が内乱前夜を吉野宮で過ごし、結果的に内乱の勝者になったことを、後になってそのように説明したにすぎない。

しかし、かつて斉明が造った吉野宮に、本来まったくの宗教性や神聖性がなかったとしたならば、このような言説も生まれなかったに違いない。たとえば、大海人と同様、吉野に政治的な隠退をした古人大兄皇子の場合と較べてみれば、それは明らかではなかろうか。

古人大兄は大海人の異母兄にあたるが、六四五年六月に出家して王位継承資格を放棄し、吉野に隠棲した。だが、同年九月には謀反《むほん》の容疑を受けて妻子ともども討たれている。古人大兄は壺坂《つぼさか》峠を通って、吉野のなかでも比蘇寺《ひそでら》のあたりに向かったのではないか、といわれている。それに対し大海人は、芋《いも》ケ峠を越えて吉野の宮滝に入り、結果的には歴史的な大勝利を得ることになった。彼が比蘇寺ではなく宮滝に隠棲の地をもとめたのは、そこに斉明が造った吉野宮があったからにほかならない。他方、古人大兄が比蘇寺に入り、そこで無残な最期を迎えたのは、彼の時代にはまだ吉野宮がなかったためと考えられる。最終的に両者の明暗を分けたのは、やはり吉野宮の存在といえるだろう。

吉野宮は、天武のように王権を奪取しようとする者に、そのための正当性や神聖性だけでなく多大のエネルギーまであたえうる特別かつ神聖な施設として存在した。それは、決してたんなる離宮ではありえず、後に吉野の地が不老不死の神仙郷と見なされる基礎を提供するような、その限りにおいて宗教的な性質を帯びた施設だったのである。

大海人があえて、吉野宮を自身の仏道修行の場所としてえらんだのは、本来的に即位資格をもたない彼がその欠点を補なおうとしたからであろう。舒明《じょめい》と皇極《こうぎょく》（斉明）のむすこではあるが、次男である大海人にはもともと、王位継承資格がみとめられていなかった。そのような彼が即位をめざす以上、彼に決定的に欠けている権威や正当性をどうしても補なう必要があったわけである。大海人は、母斉明の遺産の一つである宗教的施設、吉野宮で内乱前夜の時間を過ごすことにより、王位継承に向けての正当性や神聖性を充電したに違いないだろう。

天智は、出家した大海人が向かおうとしている吉野が、弟の野心の炎に油を注ぐような危険な場所であることを重々承知していたが、大海人を強いて止めようとはしなかった。それはやはり、大海人が八方手を尽くそうとも、彼に勝利の可能性はないという絶対の自信をもっていたからに違いあるまい。

内乱に向けて——天智が授けた必勝策

大海人皇子が吉野に去ってからおよそ一ヵ月後、天智天皇は大友皇子と五人の重臣をよび、誓約の儀式を行なうように命じた。それは『日本書紀』天智十年（六七一）十一月丙《へい》辰《しん》条につぎのように見える。

大友皇子は、内裏《だいり》の西殿にある刺繡の仏像の前にいた。左大臣蘇我赤兄臣《そがのあかえのおみ》、右大臣中《なか》臣金連《とみのかねのむらじ》、御史大夫《ぎょしたいふ》の蘇我果安臣《そがのはたやすのおみ》、巨勢人臣《こせのひとのおみ》、紀大人臣《きのうしのおみ》が侍《はべ》っていた。大友皇子は手に香鑪《こうろ》を取ると、まず立ち上がり、誓っていった。

「われら六人、心を一つにして天皇のお言葉を守ります。もしこの誓いを破った場合には、かならずや天罰を受けるでしょう」

すると、左大臣蘇我赤兄らも香鑪を手にして、順番に立ち上がった。泣きながら誓っていうには、

「それがしども、殿下（大友皇子）にしたがい、天皇のお言葉を守ります。もし誓いに背《そむ》いた時には、四天王がそれがしどもを打ち懲らしめるでしょう。天神地祇《てんしんちぎ》もまた誅殺することでしょう。三十三天よ、このことを御承知おきください。誓いを破ったならば、子孫は絶滅し、一族はかならず滅び去ることでしょう」

とのことであった。

「三十三天」とは、帝釈天《たいしやくてん》以下の武神のことである。天智の命を受け、刺繡で描かれた仏像（帝釈天がその頂上に住まうという須弥山《しゅみせん》を描いた図像かも知れない）を前にして、大友と五人の重臣たちは一体何を誓ったというのだろうか。

天智が大友皇子を次期大王に定めていたので、誓約の内容も大友擁立に関わるものだろうと見なすのは極めて自然な解釈である。だが、それが大友の即位そのものを誓わせるものだったとは考えがたい。なぜならば、即位する予定の当人までが、みずからの即位について誓約を強要されるというのはどう見ても不審だからである。

天智が六人にもとめた誓いとは、大友皇子の即位それ自体ではなく、その実現に向けての天智自身の指示・命令の遵守《じゅんしゅ》に関わるものと考えるべきであろう。それが具体的に何であるかは、その後のかれらの行動から推し量るしかない。

翌六七二年に起きた内乱（壬申の乱）において、まず御史大夫の蘇我果安と巨勢人は数万という大軍を率い、美濃国《みののくに》の不破《ふわ》（岐阜県不破郡関ケ原町）に布陣している大海人皇子を直接攻撃しようとした。この大友軍は近江国の犬上川（彦根市郊外）まですすんだが、将軍間に生じた内訌《ないこう》によって進軍が止まってしまった。果安は事の顚末《てんまつ》を大友に報告するためにいったん大津宮に帰り、その後、自害している。彼はこのような形で作戦失敗の責任を取ったのであろう。他方、巨勢人は内乱終息後にその子孫とともに流罪《るざい》に処されている。

左大臣の蘇我赤兄と右大臣の中臣金は、大友皇子を奉じて、壬申の乱の最終決戦である瀬田橋の戦いにみずから出陣している。後述するように、この戦いは大友軍の大敗に終わり、翌日、大友は自害することになった。赤兄は乱後、捕らえられて子孫ともども流罪となった。金のみは、近江国の浅井の田根《たね》（滋賀県東浅井郡）で斬刑に処されている。重臣中、極刑に処されたのは彼だけである。

かれら四人に対し、御史大夫の紀大人だけがこのように実際に戦場に出て戦ったという形跡がない。そして、当然のことながら、戦後に処罰も受けていないのである。また、紀氏の出身者で大海人側に属して戦い、戦功を立てた者もみとめられる。

このように、重臣たち五人のうち四人までは前線に出て実際に戦っており、それゆえに死刑・流刑などの処罰を受けている。それに対して、紀大人ひとりが戦場に出た形跡がなく、そのためか、まったく処罰されていない。これらのことから考えれば、まず三人が戦後に処罰を受けたのは、かれらが大友を奉じて戦い、結果的に大海人に敵対したからであり、それは天智の命令を受けてのことだったと見なすことができる。大人だけが処罰を免れたのは、彼が最初から天智の命令に背き、大海人に敵意を示さなかったからであろう。

したがって天智は、大友皇子と五人の重臣たちに、来るべき大海人皇子との全面戦争に向けて、かれらが天智の指示・命令を奉じ一致団結して戦いぬくことを命じ、それを誓わせたと考えられる。あるいは、天智はかれらに戦争における具体的な作戦や指示まで授けた可能性もあると思われる。

天智はまず、兵士の動員・編成について指示を出したであろう。天智は前年（六七〇年）

に庚午《こうご》年籍《ねんじゃく》の作成・施行を完了していた。庚午年籍とは、日本列島の主要地域に住む民衆をその住所において把握・登録した台帳であって、我が国初の全国規模の戸籍として知られる。六七〇年の干支《えと》が庚午《かのえうま》だったので、この名がある。これ以前、一部地域で特定の身分のみを対象に、このような台帳が作られたことはあったが、全国規模で、しかも統一基準で作成されたのは、これが史上最初となった。これはかつて、あの孝徳《こうとく》天皇が難波を拠点にして行なった国政改革の成果といってよい。

天智は大友皇子らに対して、諸国に派遣してある国司に命じ、この庚午年籍をもとに民衆から兵を徴発させるように指示したに違いない。庚午年籍を用いれば、民衆から容易にかつ確実に兵士を徴発することができるのである。このような台帳という最新の武器が手元にあれば、これを使って兵を集め、危険と思われる人物を討ち滅ぼしたい、と思うのは極めて自然なことだったのではないだろうか。

さらに天智は、大海人皇子を粉砕した後、大友皇子が晴れて即位するためには、近江大津宮はもちろん、斉明女帝の手で完成された飛鳥＝倭古京《やまとのふるきみやこ》（現大王が近江大津宮にあったために、倭京はこの時期、このようによばれていた）を支配下におくことを指図するのを忘れなかったに違いない。飛鳥＝倭古京は、一般の豪族層を超越・凌駕した大王の地位と権力を象徴する都市空間であり、他方、近江大津宮はそのような大王の地位と権力の実質ともいうべき、東方の夷狄《いてき》である蝦夷と西方の蕃国としての百済を従属・朝貢させる大王の政治的拠点であった。斉明の遺志と事業を引き継いだ天智の後継の座を勝ち取るためには、この二つを是非とも手中に収める必要があったのである。

天智はこれら的確な作戦・指示を大友らにあたえ、その年の十二月三日に近江大津宮で永眠した。享年、四十六であった。

天智が大海人皇子を見逃したのも、また、彼が王位継承に向けて権威や正当性を身に着ける危険のある吉野宮に隠棲することを許したのも、すべて、大友必勝に絶大な自信があったからと見なすことができる。天智がこの世を去る前から、壬申の乱はすでに始まっていたのである。

大友という巨象、大海人というアリ

大友皇子は天智の死後、その葬礼を主宰する一方で、天智の命令にしたがい庚午年籍を使って諸国で兵の徴発をすすめていた。それは天智がかつて各地に派遣しておいた国司の手で実行されたが、徴兵の範囲は、近江大津宮がある近江国を初めとして、近江国の西に隣接する山背国《やましろのくに》、山背国の南の倭国、そして倭国の西に拡がる摂津《せっつ》・河内《かわち》の両国などであったと見られる。

その結果、大友は六七二年前半までに、近畿一帯を基盤に数万という単位の兵力を結集することに成功したのである。この年の六月下旬、大海人皇子が吉野宮を出て東国に向かったことにより壬申の乱は勃発するが、それから数日のうちに行動を開始した数万を数える大友軍は、大海人が吉野を脱出する以前から動員・編成を行なっていなければ、とてもこの時までに間に合うはずがない。大友による徴兵活動は、すでに六七二年の初頭から始められていたと考えてよい。

さらに大友皇子は、やはり天智の命令により、かねてから飛鳥＝倭古京に置かれていた留守司《るすのつかさ》の増員・充実をはかり、それへの統制を一段と強化した。留守司は複数名の王族や有力豪族より構成されており、天智や大友の信任の厚い人物が起用されていたのである。かれらには吉野宮に隠棲した大海人の動向を探る役目もあたえられていたと見られる。

このように、大海人との戦争に向けての大友皇子の準備は万全のものがあった。吉野宮に隠棲し、出家の身であり、自身も従者も武器らしい武器すらもたない大海人には、万に一つも勝利の見込みはなかったといっても過言ではない。大海人は、飛鳥＝倭古京を取ろうにも自前の兵力がなかった。吉野から峠を越えれば飛鳥＝倭古京まではわずかの距離であったが、彼にとって飛鳥＝倭古京は近くて遠い場所であった。

大海人が大友と戦うためには独自の兵力を調達しなければならないが、吉野ではそれは到底不可能であった。彼には美濃国の安八磨評《あはちまのこおり》（現在の岐阜県安八郡）に湯沐邑《ゆのむら》とよばれる所領があった。湯沐邑とは、大海人のような有力な皇子に貢納・奉仕の義務を負わされた民が集まり住む集落のことであった。彼はここを拠点に兵力を集めるよりほかに大友と戦う手立てすらもたないのである。だが、ここで兵力の結集に成功したとしても、せいぜい数千という単位であり、それでは数万の兵を擁する大友に対抗することすらできないであろう。

また、もし大海人が吉野を出て美濃に向かった場合、大友皇子の側が飛鳥＝倭古京への支配・統制を一層強める可能性があった。かれらに時間的な猶予をあたえてしまえば、大海人が飛鳥＝倭古京を奪回することは絶望的になってしまう。そこで彼は、信頼のできる何者かに早期のうちに飛鳥＝倭古京の制圧を任せる必要があった。

その大任を引き受けたのが大伴連吹負《おおとものむらじふけい》であった。大伴連は代々、大王の親衛集団を率いてきた有数の武門であったが、当時、大伴連の族長だった馬来田《まくた》やその弟の吹負は、天智や大友との相性があまりよくなかったらしく、不遇をかこって飛鳥＝倭古京の周辺にあった自邸に引きこもっていた。大海人はこの大伴兄弟におのれの運を賭けたのである。

大海人皇子がついに行動を開始したのは六月二十二日のことであった。

この前月、大友皇子は近畿地方一帯での徴兵を完了し、数万という大軍をいつでも動かせるようになっていた。さらに彼は、吉野宮の大海人を挑発すべく、大海人の勢力圏であった美濃国とそれに隣接する尾張国《おわりのくに》に対し、新たに兵力の動員を命じたのである。大友という巨象が、満を持して大海人というアリ一匹を踏み潰そうというのだから、これはとても戦争とはいえない。それでも大友は、亡父の命令を忠実に守り、吉野という穴蔵から大海人を引きずり出し、見せしめのため攻め潰してしまおうとしたのである。大海人が吉野に去るにあたり、宇治川まで見送った大友の重臣が「虎に翼を着けて放つようなものだ」と危惧を述べたというが、これはおそらく事実ではあるまい。実際の大海人には、虎のように相手を一撃で倒す鋭い牙も爪もなかったのだから。

起死回生——大海人が東国に向かう

大海人はとにかく、自前の兵力を手に入れねばならない。そのあては、美濃国の安八磨評にしかなかった。彼はこの日、美濃国で採用した従者（村国連男依《むらくにのむらじおより》）らを安八磨評に向けて急行させ、早急に兵力を調達させようと企てた。これは、大友が美濃・尾張の両国に徴兵の手を伸ばした五月頃から、すでに手配を行なっていたことであった。

その二日後、六月二十四日についに大海人は吉野を出た。彼の家族と、往時と比較すれば半数に減った従者から成る、おそらく五十人にも満たない集団の悲壮な出立であった。

多くの非戦闘員をふくみ、大友側の攻撃にあえば、ひとたまりもなかったであろう。かれらは菟田吾城《うだのあき》（奈良県宇陀郡大宇陀《うだ》町）で食事をとり、甘羅村《かんら》（大宇陀町神楽岡か）で狩人二十人余を一行に加えた。狩人は願っても得られないナビゲーターとなった。菟田評《うだのこおりの》家《みやけ》（宇陀郡榛原町《はいばら》）の前では、たまたま駄馬五十頭に出くわし、これに騎乗することができた。

この日は大野（宇陀郡室生村大野）で日没を迎えたが、ここでゆっくり休んでいるわけにはいかない。隠評《なばりのこおり》（三重県名張市）に入ると、隠駅家《なばりのうまや》を焼いている。これは追撃者に駅家を利用させないための苦肉の策だった。横河（名張川）を渡る時には、天空に黒雲が棚引いているのが見えた。かれらは前途の不安を思わずにはいられなかったが、大海人が得意の占いによって人心を鼓舞したのはこの時であった。

さらに夜の闇をすすんで、伊賀評《いがのこおり》（三重県名賀郡の東部）に入り、また駅家を焼いた。これは、伊賀が大友皇子の母の生家の勢力圏であったことを思えば、大友に対する大海人の宣戦布告の意味もあったといえよう。その後、伊賀中山（上野市南部か）で数百の兵士を得て、大海人一行はようやく、戦闘集団らしい体裁を整えることになる。

大友皇子は留守司《るすのつかさ》からの通報を受け、おそらくこの夜のうちに、大海人が吉野宮を出て東国に向かったことを知ったに違いない。大友は直ちに、すでに徴兵を完了していた近畿地方の外延、東国、吉備《きび》、筑紫《つくし》の各地で兵を集め、さらに兵力を増強しようと手配した。

また、留守司に対して飛鳥＝倭古京の統制を一段と強化するように命ずるとともに、飛鳥＝倭古京の北の入り口にあたる小墾田《おはりだ》にあった兵庫の武器を近江に運搬するように指示した。これはおそらく、近江大津宮の防衛を強化するためであり、亡き天智の指示にあったものではないかと思われる。

六月二十五日の夜明けを大海人一行は莿萩野《たらの》（上野市荒木付近か）で迎えた。そこで朝食をとってすぐさま出発すると、積殖《つむえ》山口（阿山郡伊賀町柘植《つげ》）で近江大津宮から逃れて来た高市皇子《たけちのみこ》に出くわす。高市皇子は大海人の長男で、当時十九歳であった。

大海人らは大山（加太《かぶと》越え）を越え、伊勢国鈴鹿評《すずかのこおり》（鈴鹿郡）に至り、そこで五百人の援軍を得ると、その兵力を鈴鹿山道の封鎖にあてた。この日は川曲《かわわ》坂本（鈴鹿市山辺付近か）で日没となったが、暗くなってから激しい雷雨となり、また気温も急激に下がって、寒さが一行の体力ばかりか気力まで奪っていった。そこで、三重評家《みえのこおりのみやけ》（四日市市采女町付近）を焼き、かれらは暖を取ったのである。

こうして最も苦しかった夜を乗り越え、六月二十六日の朝は伊勢国朝明評《あさけのこおり》の迹太川《とほがわ》（朝明川）で迎えた。大海人はここで天照大神《あまてらすおおみかみ》を遥拝したという。その直後、やはり大津宮から脱出して来た大津皇子が一行に合流、前途に少しだけ明かりが射し込んできた。この

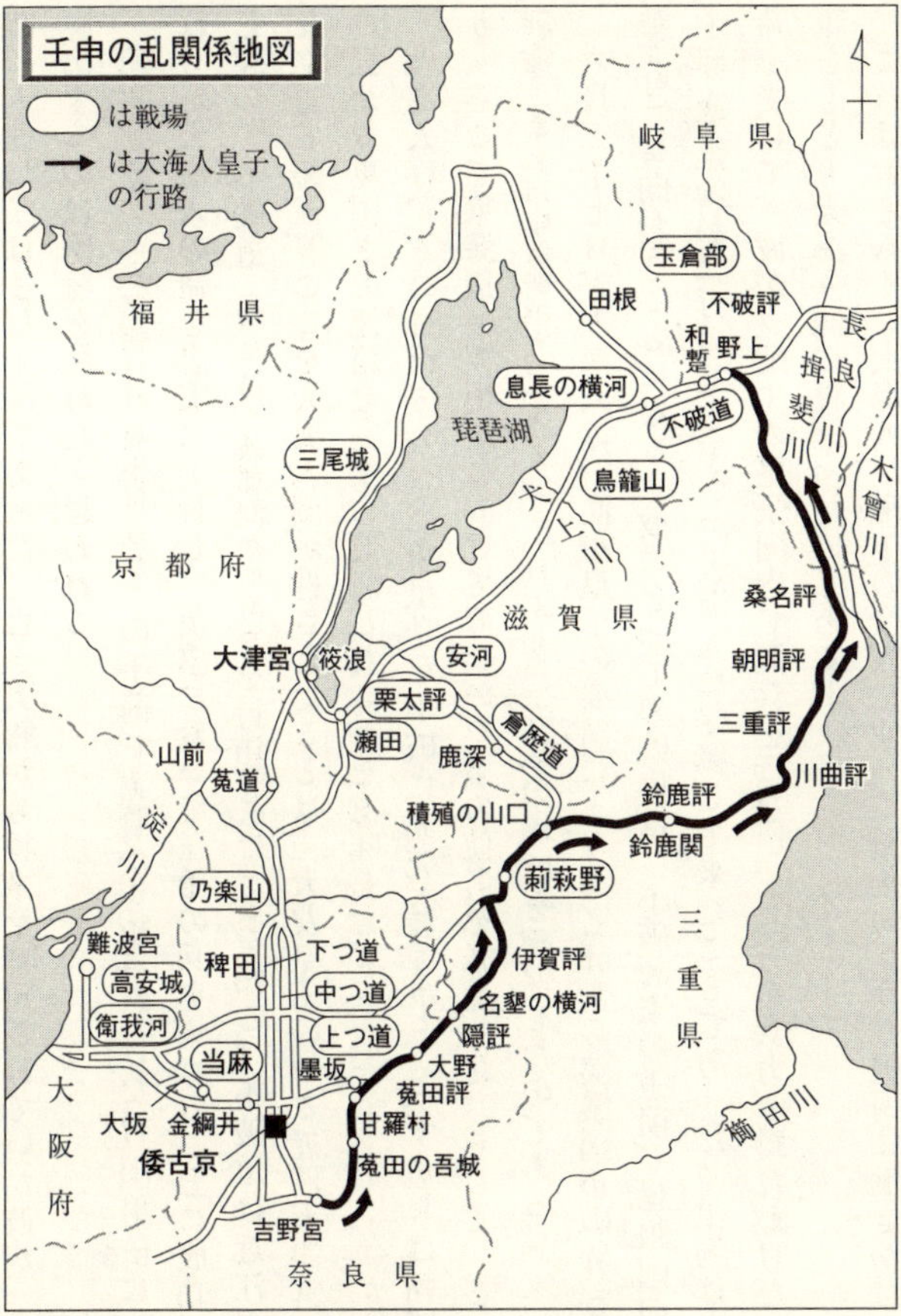
壬申の乱関係地図
は戦場
は大海人皇子の行路
岐阜県
福井県
玉倉部
田根
不破評
和蹔
野上
長良川
揖斐川
木曾川
息長の横河
不破道
琵琶湖
三尾城
鳥籠山
犬上川
京都府
滋賀県
桑名評
朝明評
大津宮
篠浪
安河
栗太評
倉歴道
三重評
瀬田
鹿深
川曲評
山前
菟道
鈴鹿評
積殖の山口
鈴鹿関
淀川
莿萩野
乃楽山
三重県
難波宮
下つ道
稗田
伊賀評
高安城
中つ道
名墾の横河
衛我河
上つ道
隠評
当麻
墨坂
大野
大阪府
菟田評
大坂
金綱井
甘羅村
倭古京
菟田の吾城
櫛田川
吉野宮
奈良県

時、大津皇子はまだ十歳であった。亡き天智から将来を嘱望されていた彼が、大津宮から脱出するのは困難を極めたと思われる。

朝明評家（三重郡朝日町縄生付近か）の手前で美濃から駆けつけた村国男依《むらくにのおより》に出会い、かれらが大海人の命を忠実に実行し、美濃において三千の兵を集めることに成功、その兵力をもって不破《ふわ》道（岐阜県不破郡関ケ原町）を封鎖したことを知る。不破道は近江と美濃をつなぐ道であり、ここを大海人側が押さえたことは、大友皇子のいる近江大津宮と美濃の東に拡がる東国との連絡を完全に遮断したことを意味した。

大海人は、その日のうちに高市皇子を不破に先発させると、みずからは朝明評家に入り、そこで東海道・東山道に向けて募兵のための使者を派遣した。そして、この日は桑名評家（桑名市蠣塚新田）に入り、二日ぶりに安眠の場所を確保したのである。

六月二十七日、大海人は、高市皇子の要請により桑名評から美濃国不破評（岐阜県不破郡垂井町）に向かうことになる。彼にとっての僥倖は、不破評家の手前で尾張国《おわりのくに》の国司、小《ちいさ》子部連鉏鉤《こべのむらじさいち》が二万の兵を率いて大海人に帰属して来たことであった。鉏鉤は大友皇子の命を受けて、彼が支配する尾張国内で徴兵を行ない、二万の兵力を得たわけだが、この大軍ともども大海人側に寝返ったのである。

これはおそらく、大海人が配下の豪族を使って鉏鉤のような国司に働きかけ、大友側からの離反を策した結果に違いない。兵力を動員する公的な手段をもたない彼としては、このような人脈に依存するより他に打つべき手はなかったであろう。

こうして、この日まではどのように多く見積もっても四千足らずであったと見られる大海人軍が、一挙に二万以上の大軍に膨れ上がることになった。

大海人はこの日、長子の高市皇子に軍事大権を委譲し、みずからは後方の野上《のがみ》（関ケ原町野上）に行宮《かりみや》を造り、そこを本拠とした。

攻防の焦点——誰が飛鳥＝倭古京を制するか

六月二十九日。この年の六月は小の月で、二十九日が六月最後の日であった。この日、かねて大海人の密命を受けていた大伴吹負が、ついに行動を開始した。『日本書紀』天武元年（六七二）六月己丑《きちゅう》条の記述を見てみよう。

この日、大伴連吹負は、ひそかに留守司《るすのつかさ》の坂上直熊毛《さかのうえのあたいくまけ》と謀って、一、二人の倭《やまとの》漢直《あやのあたい》らを仲間に引き入れ、つぎのような作戦を立てた。

「それがしが高市皇子《たけちのみこ》の御名前を騙《かた》って、数十騎を率い、飛鳥寺の北の道から敵の本営に突撃する。それを合図にそなたらには内応してもらいたい」

吹負は兵を百済《くだら》の家に集め、その南門から出撃した。秦造熊《はたのみやつこくま》は褌《ふんどし》一つの姿で馬に乗ると、そのまま飛鳥寺の西にある大友皇子の本営に向けて疾駆した。そして、こう叫んだのである。

「高市皇子が不破《ふわ》よりお出ましである！　したがう兵士は数え切れないぞ」

この時、留守司の高坂王《たかさかのおおきみ》、それに募兵のため倭京に遣わされていた穂積臣百足《ほずみのおみももたり》らは、飛鳥寺の西の槻のもとに置かれた本営にいた。ただ百足らは小墾田《おはりだ》兵庫に赴き、武器を大津宮に運ぶ指図をしていた。本営にいた人びとは熊の叫ぶ声を聞いて、すべて逃げ散ってしまった。吹負はそれを見届けると、数十騎を率いて本営に急行した。熊毛や何人かの倭漢直らは吹負に内通していたので、大友軍の兵士は皆降伏した。そこで高市皇子の命令を奉じて、穂積百足を小墾田兵庫からよび寄せようとした。百足は騎乗のまま、わざとゆっくりやって来た。飛鳥寺の西の槻のもとに至ると、

「下馬するのだ！」

と叫ぶ者がいたが、百足が馬から下りるのが遅かった。すると、何者かが百足の襟首をつかみ、彼を馬から引きずり落とし、至近距離から弓を射た。そして抜刀するや、彼を斬殺したのであった。

大友皇子が任命した留守司たちや、大海人の吉野脱出後に派遣された使者たちは、飛鳥寺の西の広場（そこには槻の木があった）に本営を置いていた。ここは、大王家の本居地、王権の聖地としての飛鳥のなかでも、とくに特別で聖なる空間とされていたようである。大伴吹負は最も初歩的な奇襲作戦によって、その場所をほんの少数の兵力で押さえ、飛鳥＝倭古京を軍事的に制圧することに成功したのであった。

こうして、飛鳥＝倭古京はあっけなく大海人軍の手に落ちた。しかし、この大海人軍、奇襲成功の直後に倭国の豪族たちが続々と馳せ参じて来たというが、その数は大友軍に遠くおよばなかった。それなのに、翌日（七月一日）、大伴吹負らは大津宮を襲うべく乃楽《なら》（奈良市）に向けて北上を開始したのである。大海人からは「飛鳥＝倭古京を死守せよ」との命が伝えられたはずであるが、吹負は一刻も早く大友皇子を討とうと、功を焦ったとしか考えようがない。

翌二日、不破の大海人は、それまでに集まった兵を二手に分け、一方を倭古京の救援に、他方を近江大津宮の直撃に差し向けた。大海人が王位継承を果たすためには、倭古京に加えて近江大津宮を押さえる必要があったわけだから、この出兵は彼の戦略目標を的確にあらわしている。

この日、吹負は稗田《ひえだ》（奈良県大和郡山市稗田町）に至って初めて、河内方面から大友側の大軍（将軍は壱伎史韓国《いきのふひとからくに》）が飛鳥＝倭古京を目がけて押し寄せつつあることを知った。今ここで飛鳥＝倭古京に取って返し、防備を固めるのが得策と思われるのだが、吹負は大津宮直撃に燃え立つ麾下《きか》の勢いを抑えることができなかったのかも知れない。結局、彼としては、わずかな兵力を河内方面に割くことしかできなかった。この別働隊の一部（坂本臣《さかもとのおみ》財《たから》ら）は、その日の夕刻に高安城《たかやすのき》を攻撃、大友軍の守備兵を駆逐することに成功した。

同じ日のこと、大友側の大軍は、不破の大海人を直接攻撃するために琵琶湖東岸を北上していたが、犬上川（滋賀県彦根市の郊外）のほとりで将軍のあいだで内訌が発生、そのため進撃が止まってしまったのである。将軍のひとり、御史大夫《ぎょしたいふ》だった蘇我果安《そがのはたやす》が、その直後に責任を取って自殺している。また、これより前に、大友軍の精鋭が玉倉部邑《たまくらべむら》（岐阜県不破郡関ケ原町玉）を急襲したが、大海人軍の守備隊によって撃退された。

七月三日、高安城を占領した吹負の別働隊の一部は、河内方面から押し寄せる大友軍を見て、たとえ一刻でも敵の進軍を止めようと無謀にも突撃を敢行、衛我河《えががわ》（大阪府柏原市）であえなく敗れ去っている。しかし、この直後、河内方面の大友軍を率いる将軍のひとり（来目臣塩籠《くめのおみしおこ》）が大海人側に内応していたことが発覚、その事後処理をめぐって行軍が停止してしまった。これが、後日、大海人軍にとって僥倖《ぎょうこう》となる。

吹負はこの日のうちに乃楽山に布陣を完了、翌日以降の大友軍との対決に備えていたが、彼に献策する者があった。『日本書紀』につぎのように見える。

この時、荒田尾直《あらたおのあたい》赤麻呂《あかまろ》は将軍大伴吹負に上申して、

「古京《ふるきみやこ》は本営の所在地です。もっと堅固に守るべきではないでしょうか」

といった。将軍はこれに賛同して、赤麻呂と忌部首《いんべのおびと》子人《こびと》を派遣し、古京を守らせることにした。

「古京は本営の所在地です」といっているが、吹負やその配下の者にとって、飛鳥＝倭古京はたんに倭方面の大海人軍の本陣として重要ということにすぎなかったであろう。だが、総帥の地位にある大海人にしてみれば、多少話は違った。彼が王位継承を実現するためには、一般の豪族層を超越した大王の地位と権力の象徴ともいうべき飛鳥＝倭古京をまずは制圧しておかねばならなかったのである。

七月四日、大伴吹負は南下して来た大友軍（将軍は大野君果安《おおののきみはたやす》）を乃楽山で迎え撃ったが、あえなく大敗、吹負自身も命からがら南に向けて敗走した。勝ちに乗じて吹負を追撃する大友軍は、そのまま飛鳥＝倭古京になだれ込む形勢を見せた。しかし、奇妙なことに、大友軍は天香久山のあたりで進撃を止めると、その日は退却してしまったのである。

これは、前日に倭古京に引き返した荒田尾赤麻呂らが、飛鳥=倭古京に至る道の角々に橋板を盾として並べ立てておいたのを見た大友軍が伏兵の存在を恐れ、総攻撃を断念したといわれている。たしかに『日本書紀』はそのようにとらえている。

しかし、大友軍が総攻撃を取りやめたのは、たんに伏兵を恐れたからだけではなかった。大友軍はこの日、すなわち七月四日を期して、乃楽方面と河内方面の両面から飛鳥=倭古京に攻め入り、一挙にそれを大海人軍から奪い返そうと企てていたのである。しかし、計画とは異なって河内方面からの大友軍の攻撃が見られなかった。それは、衛我河の戦いの後に生じた内応発覚の後遺症であった。計略が破綻したと判断した乃楽方面の大友軍は、ひとまず兵を引くことを決断したというのが真相であろう。

命拾いした吹負は、墨坂《すみさか》(宇陀郡榛原町)で倭古京救援軍の先鋒隊と遭遇、かれらとともに金綱井《かなづなのい》(橿原市今井町付近)に本陣を定め、態勢の立て直しをはかった。だが、翌五日、河内方面の大友軍が大挙して動き始め、かれらの手で倭・河内国境線は完全に制圧された。吹負らに再び危機が迫りつつあった。

大海人、凱旋す——倭古京から倭京に

飛鳥=倭古京をめぐる両軍の最終決戦が始まったのは、七月六日頃であった。その後、兵力を増強した大伴吹負は、当麻《たいま》の葦池《あしいけ》のほとり（奈良県北葛城郡当麻町）で河内方面より迫る大友軍を撃破することに成功する。これにより、西方からの脅威は消滅した。

そして、八日頃、吹負は、三道（上つ道・中つ道・下つ道）を通って南下して来た大友軍を苦戦のすえに撃破し、飛鳥＝倭古京に迫る北方からの脅威も除くことに成功した。上つ道方面の戦闘は、卑弥呼《ひみこ》の墓として話題を集めている箸墓《はしはか》古墳のほとりで行なわれた。こうして飛鳥＝倭古京は、完全に大海人軍の手中に落ちた。大友皇子は圧倒的な兵力を擁しながら、倭古京を失なうという不測の事態に直面したのである。

倭方面での大海人軍優勢を見届けたのを機に、すでに七月二日に不破を出撃していた近江方面の大海人軍が戦闘態勢に入る。七日、村国男依《おより》らが率いる大海人軍は息長横河《おきながよこかわ》（滋賀県坂田郡米原町醒ケ井付近）で大友軍を破ったのを手始めに、その後、九日には鳥籠山《とこのやま》（滋賀県坂田郡と犬上郡の境界付近）で、十三日には安河《やすのかわ》（野洲川）で、そして十七日には栗太《くるもと》（滋賀県栗太郡）で大友軍をつぎつぎに打ち破っていった。

七月二十二日、大海人軍はついに瀬田橋の東岸まですすんだ。瀬田川を越えれば、近江大津宮は目前である。大友皇子は意を決し、みずから瀬田橋の西岸に布陣、ここで大海人軍の進撃を止め、一挙に頽勢《たいせい》を挽回しようと企てた。大友は自分が陣頭に立てば、敵の戦意が萎縮し、それを機に反撃が可能だと考えたのだが、大海人は事前に、この方面軍の将軍をすべて天智や大友とは面識のない卑賤な身分の者で固めていた。そのため、大友の出現により大海人軍の戦意は昂揚し、大友軍はその勢いを止めることができなかった。無残な大敗であった。

同日、大海人軍は大津宮の北の三尾城《みおのき》(滋賀県高島郡高島町)を落とし、また、飛鳥=倭古京を制圧した大海人軍も一挙に北上し、山前《やまさき》(京都府乙訓郡大山崎町)に集結した。これによって北陸と西国に向けての大友の逃走路は遮断されたに等しい。瀬田橋を渡って東からも大海人軍が迫っていたから、大友は完全に逃げ場を失なったことになる。

翌二十三日、大友皇子は大津宮の近くの山前という場所で自害し、二十五年の短い生涯を終えた。二十四日には大海人軍の主力が筱浪《ささなみ》(滋賀県大津市)に集結、左右大臣ら戦犯の逮捕を開始し、内乱はこうして幕を閉じたのである。

大海人皇子は八月のうちに戦犯の処罰などの戦後処理をすませると、九月八日に不破の野上行宮《のがみのかりみや》を発ち、桑名評家で鸕野讃良皇女《うののさららのひめみこ》らに再会した後、同月十二日には倭古京に帰り、その日は嶋宮《しまのみや》に入った。その三日後、彼は後飛鳥岡本宮《のちのあすかおかもとのみや》に入り、そこを正式に本居と定めたのである。この日をもって、倭古京は倭京になった。

ただ、斉明・天智によって確立された大王の地位と権力を引き継いで王位に就く彼としては、後飛鳥岡本宮は決して十分なものでなかったと見え、直ちに新宮の造営に着手している。とはいっても、まったく新たに宮殿を建造するのではなく、後飛鳥岡本宮の東南に新しい施設を建造して政務処理の便宜に充てようとしたのであった。

飛鳥京跡（伝飛鳥板蓋宮《あすかいたぶきのみや》跡）のうち、Ⅲ—B期が天武の造った宮殿の遺構にあたる。内郭の東南に東西九四メートル、南北五五メートルの東南郭があった。すでにあった内郭と、この東南郭を取り囲むように、外郭が設けられている。

東南郭の内部は砂利敷の舗装がなされており、その中央には巨大な東西棟建物が存在し、これが『日本書紀』に見える「大極殿《だいごくでん》」に相当する建物と考えられる。その東西に脇殿が設けられており、東南郭全体は複廊状の屋根付きの板塀によって囲まれていた。東南郭の南に拡がる平坦部には、中央に朝庭があり、その東西に南北棟建物が並列している。東南郭を新設したのは、この朝庭部分を拡大するためだったようである。

この年の冬（十月～十二月）には、大海人はこの東南郭を加えた新宮殿に遷った。これが後に飛鳥浄御原宮《あすかきよみはらのみや》と命名される、飛鳥最後の宮殿であった。

そして翌六七三年の二月二十七日、大海人皇子はこの新宮で即位の儀式を挙げ、天武天皇となった。以下、彼のことは天武の名でよぼう。

天皇＝スメラミコトの誕生

天武天皇は内乱を通じ、飛鳥＝倭京と近江大津宮の双方を軍事的に制圧することに成功した。飛鳥＝倭京は、一般の豪族層を超越した大王の地位と権力の象徴ともいうべき都市空間であって、それは斉明女帝の手で完成された。他方、斉明の後を引き継いだ天智天皇が、斉明の遺志と事業をよりたしかなものとするために、具体的には、大王が東方の夷狄《いてき》である蝦夷《えみし》と、西方の蕃国《ばんこく》である百済《くだら》とを双方ともに従属させるための政治的拠点として設定されたのが近江大津宮であった。

この二つを軍事的に我がものとした天武は、斉明そして天智の真の後継者の資格を得たことになり、名実ともに、一般の豪族層を超越・凌駕した存在となったことになろう。彼のことを従来の大王（正式には治天下大王《あめのしたをしろしめすおおきみ》）の称号でよぶことは最早相応しくない。ここに、大王に代わって天皇という新たな称号が誕生するお膳立てが出来上がったのである。

また、壬申の乱のさなか、天武は高市皇子《たけちのみこ》に軍事大権を委譲し、みずからは戦線の後方に退いたが、これにより、内乱は大王の地位をめぐる大友皇子と高市皇子の争いに転化した。そのため、戦争に勝利した高市に約束されるのが従来の大王の地位と権力であったとするならば、高市の上位にあって彼に指令を発する天武の立場と権力は大王を超越・凌駕したものということになる。このように内乱のなかで、従来の大王に代わる、それを越えた地位と権力が、ほかならぬ天武の手によって確実に準備されていたのである。

天武の地位は新たに天皇の名でよばれることになった。彼はどうして、天皇という称号をえらんだのであろうか。そもそも、天皇とは一体何であろうか。

これについては、⑴中国において宇宙の主宰神とされる昊天上帝《こうてんじょうてい》の別名、天皇大帝《てんこうたいてい》に由来するとする説、⑵中国の道教の最高神である天皇大帝にもとづくと見なす説があり、さらに近年では、⑶従来の大王号の権威を増すために、大を天に、王を皇に画数を足して出来上がった日本で作られた漢語であったとする説などがある。

天武の継承した王位・王権が、天智を介して斉明女帝から引き継いだものであったこと、そして、その斉明が飛鳥＝倭京の建設・完成を通じて、その王位と王権とを道教的な世界観で説明し権威づけようとしていたことなどから考えるならば、現在のところ、⑵説を支持するのが最も妥当かと思われる。

六七四年、それは天武が即位して二年目のことであるが、唐の第三代皇帝、高宗《こうそう》は従来の皇帝に代えて天皇の称号を採用、同時に皇后を天后と称することにした。これはあくまで高宗一代限りの個人的な称号であり、厳密な意味での君主号とはいえない。李《り》姓を称する唐の帝室は、道教の開祖とされる老子の末裔《まつえい》をもって自認しており、そのために唐の歴代皇帝は道教を厚く尊崇した。高宗もその一人であって、彼が天皇号を採用したのも、それが道教の説く最高の神格だったからである。

これまでは、我が国の天皇号はこの高宗による天皇号採用の影響を受けて成立したとされてきた。しかし、本書で述べてきたように、壬申の乱後、天武によって新しい君主号として天皇号が採択されたとすれば、それは彼が正式に王位を継承した六七三年二月のことになろう。それに対し、唐の高宗が天皇号を採用したのは翌年の八月のことだった。わずか一年半ではあるが、天武のほうが高宗よりも早かったといわねばならない。天武への影響をいうならば、高宗よりも斉明女帝の存在を考えるべきだろう。

この時代の倭国は、東方の夷狄として蝦夷、西方の蕃国として百済を支配下におこうと企てていたことからも明らかなように、その統治者は中国皇帝を中心とした世界とは別に形成された世界の中軸に位置すると考えられていた。だから天武は、もしも唐の皇帝が先に天皇号を採択したのを知っていたとすれば、これとまったく同じものをえらぶことは避けたのではないかと思われる。

逆に、高宗は倭国における君主号の改変などまったく知らずに、道教を信奉するあまりに天皇号をえらび採ったと考えられる。高宗にとって自分が世界の中軸に位置することは自明であって、東夷《とうい》の王がどのような称号を名乗ろうとも、およそ関心は薄かったに違いない。要するに、六七〇年代の前半に、奇《く》しくも唐と倭国の双方で、それぞれまったく別の事情と思惑で同じ天皇の称号が採択されたわけである。

問題は、倭国では天皇をどうしてスメラミコトとよんだのか、ということであろう。

スメラミコトのスメラとは、「清浄な」「一点の穢《けが》れもない」という意味であり、ミコトは元来、神や天皇の発することばを指したが、後にそのような尊いことばを発する主体をも意味するようになった。スメラミコトとは、「一点の穢れもない、この世で最も清浄な御方」ということである。それでは、「清浄な」「一点の穢れもない」とは、具体的にどのような状態をあらわすのであろうか。

ここで手掛かりとなるのは、初代の天皇＝スメラミコトとなった天武が、即位のきっかけとなった壬申の乱において、軍事指揮権のすべてを長子の高市皇子に譲り、自身は一貫して戦線のはるか後方にあったことである。それは、一つには天武が当時僧侶だったためで、法体《ほったい》の身で陣頭に立つことを避けたためであろう。

当時は、死や流血は穢《けが》れ（「気枯れ」すなわち生命力の減退・消滅）として宗教的に忌むべき対象とされていたので、天武が死や流血が満ち満ちている戦場に一切その身をさらすことなく、未曾有《みぞう》の勝利を得て即位したことが天武の評価を飛躍的に高め、決定的なものにしたようである。結果的に、その一点が評価され、即位した天武は「清浄な」「一点の穢れもない」極致に位置する存在と見なされるようになった、と考えられるのである。天皇の和訓であるスメラミコトも、壬申の乱から生まれてきたといえよう。

天武は後に、天皇のこのような「清浄な」「一点の穢れのない」状態が、自分だけでなくその後継者たちにも確実に引き継がれていくために、古代特有の身分制度を創始した。天皇とその一族と同様に姓をもたない階層を社会の底辺に設定し、かれらを国中の穢れが付着した賤身分（後に陵戸《りょうこ》・官戸《かんこ》・官奴婢《かんぬひ》・家人《けにん》・私奴婢《しぬひ》の五色《ごしき》の賤《せん》として制度化される）としたのがそれである。これにより、賤身分のもつ穢れが強調されればされるほど、天皇の清浄性は制度的に保証され、その子孫たちに確実に継承されていくことになった。

終章　飛鳥との訣別——そして、「日本」が生まれた

藤原京の復元模型（一部）。北方に耳成山、東方（右）に天香久山、西に畝傍山が見える。橿原市教育委員会提供

新城へ——天武の新都構想

六七六年、天武《てんむ》天皇が即位して四年目、彼は早くも新たな都市建設に取り組むことになった。それは『日本書紀』天武五年（六七六）是歳《ことし》条につぎのように見えるものである。

新城《にいき》に都を造ろうとした。都の範囲に入る田園は、公有・私有を問わず一様に耕作を禁じたために、すべて荒廃してしまった。しかし、ついに都は完成しなかった。

「新城」とは地名ではなく、「新しい都（都城）」の意味である。結局、理由は不明ながら、この建設事業は中断されたようである。しかし、天武はこれを諦めたわけではなかった。『日本書紀』天武十一年（六八二）三月甲午朔《こうごさく》条を見てみよう。

小紫《しょうし》の三野王《みののおおきみ》と宮内官《みやのうちのつかさ》の大夫《かみ》らを新城に遣わして、その地形を視察させた。

建設中止から六年後、天武は、三野王を中心とする「新城」建設プロジェクトの面々に命じて建設事業を再開したのである。数日後、天武自身が「新城」に行幸している。それから二年後の三月、天武は「新城」のなかを巡幸、宮室の位置を定めたという。

この「新城」とは、後に藤原京とよばれる都城のことである。しかし、当時は藤原京という呼称はなく、それは「新城」（後には「新益京《あらましのみやこ》」）とよばれていたのである。この「新城」のほぼ中央部に天皇の住居と政府の機構や施設のある宮が置かれることになる。こちらは当時から所在地の名を採って藤原宮とよばれていた。

発掘の成果によれば、この藤原宮の遺構と重複し、それに先行する遺構が確認されている。その大部分は、いわゆる藤原京のなかに張りめぐらされた東西道路（条）と南北道路（坊）の側溝の延長線上に位置しており、藤原宮が京のほぼ中央部に置かれる以前に、その場所に道路を設定する工事が行なわれたことが分かる。後に藤原宮が置かれる場所にも条坊道路が設定され、それに伴ない道路の側溝も掘られ、その後にそれを埋め立てて宮殿が造営されたということである。

藤原宮の造営にあたっては、資材を運搬するための運河が掘られているが、そこから出土した木簡には壬午年《じんご》（六八二年）から癸未年《きび》（六八三年）の年代を記すもの、および六八五年制定の冠位「進大肆《しんたいし》」を記すものがあるので、藤原宮の造営は天武十一年～十四年前後に行なわれたと見られる。したがって、先行する条坊道路や側溝は、それ以前に設定されていたことになろう。

藤原宮内部の条坊道路と側溝の工事は、微妙にずれながらも二期にわたって行なわれたことが明らかになっている。古いほうの側溝の存続期間は比較的に短く、しかも京域全体を覆うものではなかった。京内の道路・側溝の工事がいったん中断した後で、工事が再び開始されたことが分かるのである。

これは、六七六年に「新城」を建設しようとしたが、それがどうしたわけか中止となり、その後、六八二年になって、建設工事が再開されたことと見事に符合する。二段階にわたって道路と側溝の設定が行なわれた結果、京域が確定し、天武末年頃になって、当初から予定されていた場所に藤原宮の造営が開始されたというプロセスが復元できるであろう。

天武が構築しようとしたこの都城が「新城」とよばれたのは、斉明によって完成された飛鳥=倭京に対する新しい都という意味であった。それでは、彼は後飛鳥《のちのあすか》岡本宮《おかもとのみや》を拡張して成った新宮殿(飛鳥浄《あすかきよ》御原宮《みはらのみや》)があるのに、どうして早々に「新城」建設を始めたのであろうか。

飛鳥=倭京を完成させ、名実ともに一般の豪族層を超越した存在となった大王は、その呼称も天皇と改めたわけだが、こんどは、その天皇に相応しい居所とそれを取り巻く都市空間を構築することが課題になった、ということができよう。飛鳥=倭京建設の目的が達せられた瞬間、飛鳥=倭京は早くも過去のものになりつつあったのである。

天皇号は、中国の皇帝と同様、一定の世界の中軸に位置する君主に相応しい称号として採択されたわけだが、そのような天皇に相応しい居所とその周囲の空間として、やはりモデルとなったのが中国の皇帝が住まう都城だったのは当然といえば当然であろう。

飛鳥＝倭京は京とはいいながら、中国皇帝の基盤である都城の本質的な条件が欠けていた。すなわち飛鳥＝倭京は、唐の長安城のように条坊道路によって整然と区画されてはいなかったのである。天武が後に飛鳥浄御原宮と命名される宮殿を中心にした飛鳥＝倭京に安住することに満足せず、その北西に拡がる地域に碁盤の目のように張りめぐらされた条坊道路を伴なった都市建設に着手したのは、京の内部を中国のそれと質も構造も同様のものにしようとしたためにほかならない。天武は即位するとすぐさま、飛鳥＝倭京からの離陸準備を始めたということができるであろう。

現人神の誕生——天皇の死を説明する試み

六八六年、天武の治世は十四年目に入っていたが、その年の五月、ついに天武が病に倒れた。早速、病気の平癒を祈って川原寺《かわはらでら》で薬師経《やくしきょう》が説かれた。いうまでもなく川原寺は、天武の母、斉明女帝の飛鳥川原宮《あすかかわはらのみや》を寺に改造したものである。

だが、病は一向に回復に向かわない。そこで、七月二十日、朱鳥《あかみとり》の年号が建てられ、後飛鳥岡本宮を拡張した宮殿を飛鳥浄御原宮と命名することになった。

朱鳥とは、道教において生命力の充実の象徴とされる霊鳥であった。年号は孝徳《こうとく》天皇の時代、大化・白雉《はくち》以来のことであったが、朱鳥の年号を建てたのは、朱鳥の生命力にあやかって天武の病気回復を期すためにほかならなかった。他方、飛鳥浄御原宮の宮号のうち浄とは、穢れの対極にある概念であった。当時は病気も穢れとされていたから、宮の名前に浄を冠することによって、宮の主人である天武の病気を除去しようとしたのである。

それにも拘わらず、九月九日、天武は不帰の客となる。

病気はいうまでもなく死は、間違いなく穢《けが》れとされていた。清浄の極致にあるはずの天皇が、死という最大の穢れに否応なく汚染されたことになる。これでは、天皇が天皇ではなくなってしまう。ここで、天武だけでなく、これからの歴代天皇も避けることができない死という現実を一体どのように説明するかが問題とならざるをえない。

天皇は天上世界を支配する神（天神《あまつかみ》）の子孫（天孫《あめみま》）とされていたが、神そのものではなかった。それに対し、本来、神は人の目には見えないものであるが、神のなかには人間の姿をしてこの世に姿をあらわす神がいると考えられており、天皇はこのような神にほかならないという考えが生まれてきたのである。

それは、つぎに掲げる文武《もんむ》天皇の即位宣命《せんみよう》（『続日本紀《しよくにほんぎ》』文武元年〈六九七〉八月甲子朔《かつしさく》条に収録。その書き下し文）などに見ることができる。

現御神《あきつみかみ》と大八嶋国《おほやしまぐに》知らしめす天皇《すめら》が大命《おほみこと》らまと詔《の》りたまふ大命を……天つ神の御子《みこ》ながらも、天に坐《いま》す神の依《よさ》し奉《まつ》りし随《まにま》に、この天津日嗣高御座《あまつひつぎたかみくら》の業《わざ》と、現御神と大八嶋国知らしめす倭根子天皇命《やまとねこすめらみこと》（持統天皇）の、授け賜ひ負《おほ》せ賜ふ貴《たふと》き高き広き厚き大命を受け賜り恐《かしこ》み坐して、……

これによれば、天皇は「天つ神の御子」すなわち神の子孫（天孫）であり、同時に「現御神」、すなわち人の姿をした神そのものであるというのである。天皇がたんに「天つ神の御子」であるだけでなく、「現御神」でもあるとするこのような考えが発生したのは、天武の死後であったと考えられる。

なぜならば、つぎに見るように、天皇や一部の皇族を神の子孫ではなく神そのものとして讃える歌が、天武死後の一定期間に集中してあらわれるからである。有名な「大君《おおきみ》は神にしませば……」に始まる歌である。

①弓削皇子《ゆげのみこ》が亡くなった時に置始東人《おきそめのあずまひと》が作った歌（『万葉集』巻第二、二〇五番）

王《おほきみ》は　神にしませば　天雲の　五百重《いほへ》が下に　隠りたまひぬ
（神でいらっしゃる皇子　亡くなられた今　幾重にも重なる天の雲　そのなかでお休みだろう）

②天皇が雷岳《いかずちのおか》に行幸した時に柿本人麻呂《かきのもとのひとまろ》が作った歌（『万葉集』巻第三、二三五番）

皇《おほきみ》は　神にしませば　天雲の　雷の上に　廬《いほ》りせるかも
（神でいらっしゃる天皇　天雲の雷の上に　廬を造りお休みになる）

③柿本人麻呂が忍壁皇子《おさかべのみこ》に献上した歌（同右の異伝）

王は　神にしませば　雲隠る　雷山に　宮敷きいます
（神でいらっしゃる皇子　雲に隠れる雷山に　御殿を建てていらっしゃる）

④柿本人麻呂が長皇子《ながのみこ》のために作った歌（『万葉集』巻第三、二四一番）

皇は　神にしませば　真木の立つ　荒山中《あらやまなか》に　海を成すかも
（神でいらっしゃる皇子　真木の立つ荒山だとて　海に変えておしまいになる）

⑤壬申の乱の平定以後に大伴卿《おおとものまえつきみ》（御行《みゆき》）が作った歌（『万葉集』巻第十九、四二六〇番）

皇は　神にしませば　赤駒《あかごま》の　腹這《はらば》ふ田居《たゐ》を　京師《みやこ》と成しつ
（神でいらっしゃる天皇　赤駒腹ばう泥田でも　いとも容易く都に変える）

⑥壬申の乱の平定以後に作られた歌（『万葉集』巻第十九、四二六一番）
大王《おほきみ》は　神にしませば　水鳥の　すだく水沼《みぬま》を　皇都《みやこ》と成しつ
（神でいらっしゃる大王　水鳥集まる沼地でも　いとも容易《たやす》く都に変える）

「大君は神にしませば……」という歌は、壬申の乱によって絶大な権力を掌中にした天武を讃えたものといわれてきた。しかし、これらの歌で神と絶賛されているのは、②では鸕《う》野讃良皇女《ののさららのひめみこ》（持統《じとう》天皇）であり、①③④では天武の皇子たちである。⑤⑥の場合は天武天皇と考えられないでもないが、この二首は天平勝宝《てんぴょうしょうほう》四年（七五二）二月二日に採録されたものとされており、いつ頃の作であり、「皇」「大王」が果たして天武自身を指すのかどうか、断定はしがたい。

⑤の「赤駒の　腹這ふ田居を　京師と成しつ」、⑥の「水鳥の　すだく水沼を　皇都と成しつ」は、飛鳥浄御原宮の建設を指しているといわれるが、すでに述べたように、浄御原宮が後飛鳥岡本宮《のちのあすかおかもとのみや》を拡張して造営されたことを考えれば、これらが具体的な事実をふ

まえて詠まれたものでないことは明らかである。⑤⑥の歌の「皇」や「大王」は特定の天皇を指しているのではなく、飛鳥に都をおいた天皇たちを一括して、このように讃えていると見なすべきだろう。

これら「大君は神にしませば……」の歌は、天武死後の持統の時代以降、一定の期間に限って天皇や特定の皇子を対象に作られたものであったといえよう。「大君は神にしませば……」のフレーズが、持統女帝に仕えたという柿本人麻呂の創案に成るとする意見が出るのも頷ける。特定の天皇や皇子たちが神そのものであると賛美する歌が、天武が亡くなった後にあらわれたとすれば、天武の死後、過去の大王や天皇を「天つ神の御子」とする従来の考えに飽き足らず、天皇や皇族を「現御神」すなわち神そのものと見なす必要性が生じた、と考えることができる。

その必要性は、天武の死、その肉体の消滅によって生じたのである。すなわち、清浄の極み（穢れの対極）にいなければならないはずの天皇も、肉体をもつ以上、病気や死という穢れに否応なく汚染され傷つけられる。それでは、天皇の清浄性が損なわれ、天皇の天皇たる所以《ゆえん》までがそのたびに問われることになる。そこで、天皇や皇族の死は、人間や動物などの穢れにまみれた一般的な死とは決定的に次元が異なるのだと説明するため、天皇や皇族は「現御神」という神そのものなのだという考えが新たに考案されたのである。これは画期的な発明であった。

天武の諡号《しごう》は「天渟中原《あまのぬなはらの》瀛真人《おきのまひと》」といったが、「瀛《えい》」は道教において不老不死の術をマスターした神仙が住まう理想的な世界（瀛洲）のことであり、「真人」は不老不死の法を体得した者を指す。天武のこの死後の名前は、彼が道教を信奉して不老不死の術ばかりか永遠の生命も手に入れた希有《けう》の天皇であったことを示している。たとえ天皇の肉体は滅びたように見えたとしても、それは一般の死とはまったく異なるのであり、神として永遠の生命を生きるのだとする「現御神」の発想が、道教のなかの不老不死の説をヒントにして生み出された可能性も否定できないだろう。

天武が道教に開眼したのは、母斉明の影響が大であるとするならば、天皇を「現御神」とする思想の誕生にも斉明女帝は無縁ではなかったことになろう。飛鳥を舞台にした歴史のなかで、斉明の存在感はわれわれの想像を絶するものがある。

鸕野讃良皇女VS.草壁皇子——天武後継をめぐる駆け引き

かつて天武は、六七九年五月に鸕野讃良皇女らとともに吉野宮《よしののみや》に赴き、そこで盟約の儀式を行ない、後継者問題に一定の決着をつけようとしたことがある。この儀式により、天武の姪であり妻であった鸕野讃良が正式に皇后に擁立され、盟約に参加した六人の皇子がこれを承認した。

六人の皇子は天智・天武のむすこたちであり、この時点ですでに成人していたか、または間もなく成人を迎える皇子たちであった。かれらは有力な皇位継承資格者であるが、盟約への参加を機にかれらの皇位継承順位の確定も行なわれた。

六人中、筆頭は草壁皇子《くさかべのみこ》、いうまでもなく天武と鸕野讃良のむすこである。第二位とされた大津皇子《おおつのみこ》は、鸕野讃良の姉で故人の大田皇女《おおたのひめみこ》のむすこで、草壁の異母弟にあたった。三位以下は高市《たけち》（天武皇子）、河嶋《かわしま》（天智皇子）、忍壁《おさかべ》（天武皇子）、芝基《しき》（天智皇子）と続く。だが、盟約により晴れて天武皇后になった鸕野讃良が、かれらとは別枠の有力な皇位継承資格者だったことを忘れてはならない。

六八一年二月、草壁皇子は当時二十歳であったが、皇位継承候補の筆頭という資格で国政に参与するようになった。これは、天皇となる日に向けての見習いの意味があったと思われる。同日に律令法の編纂プロジェクトが発足しているので、おそらく草壁は、このプロジェクトの名誉総裁的な地位に就任したのであろう。この事業は、六八九年に飛鳥浄御《あすかきよみ》原令《はらりょう》として結実することになる。

六八六年五月、天武が病に倒れると、鸕野讃良皇女と草壁皇子が天皇権力の代行を委ねられた。これは現皇后と皇位継承順位筆頭の皇子が皇位に最も近い場所にいたことを示している。だが、草壁は諸皇子中、筆頭の位置にあるとはいえ、執政の経験と実績という点では、生母である鸕野讃良に遠くおよばなかった。

天武の意向としては、次期天皇は鸕野讃良と決めていたに違いない。鸕野讃良は我が子草壁の即位を熱望していたといわれるが、客観的に見るならば、彼女は草壁最大のライヴァルというべき存在だった。この後、彼女が正式に即位するのは六九〇年正月のことであるが、以下の叙述では彼女のことを持統《じとう》天皇の名でよぶことにしたい。

同年九月に天武が亡くなると、大津皇子が草壁皇子を殺害しようとした容疑によって捕らえられ、自殺を命じられた。大津の享年はわずかに二十四であった。この事件は、何が何でも草壁を次期天皇に擁立しようとした持統の企てによるといわれているが、彼女が事件の黒幕であったとする決定的な証拠は今のところない、といわねばならない。

むしろ事件の背後にあったのは、皇子たちのうち皇位継承順位一位と同じく二位のあいだで起きた暗闘ではなかったか、と見られる。すなわち第一位の草壁は、第二位の大津を亡き者にして自身の地位の安泰をはかろうとしたのに対し、大津は第一位の草壁を廃して自己の優位を確立しようと企てた。結局、草壁のほうが機先を制して、大津に謀反の容疑を着せ、体よくライヴァルを蹴落とすことに成功したのである。

事件の後、草壁皇子は公卿百寮を率い、天武の殯宮《もがりのみや》に参拝を繰り返し、さらには天武陵の築造を率先して行なっている。彼はこのような行為を繰り返さなければ、支配者集団のなかで天武の正当な後継者としてはみとめられなかったのであって、草壁の即位はまだ遠い将来のこととされていたと思われる。

吉野へ——斉明に直結しようとした持統

それにしても、持統が天武死後直ちに即位しなかったのは、彼女が天武の意向を受けて次期天皇になるとしても、それにはそれ相応の手続きをふむ必要があったためと考えられる。天武は初代天皇であったから、当然のことながら、彼から引き継ぐものはこれまでのような大王の地位や権力ではありえない。今回は新たに天皇の地位と権力を継承する最初の機会だったから、それ相応の段取りが必要とされたのであろう。

また、かつて天智天皇は、前大王だった斉明女帝の遺志と事業を正当に継承しない限りは、正式に王位に就任することができず、結果的に六年余におよぶ称制期間を過ごさねばならなかった。これを参考にすれば、天武死後すぐに持統が即位しなかったのも、同様の事情にもとづくと考えられよう。

新天皇が亡き天武から引き継ぐべき最も重要な事柄とは一体何かといえば、それはやはり、彼が着手しながら、いまだに完成を見ていない「新城」とその中央に位置を占める予定の藤原宮建設という一件以外には考えがたい。天武がやり遺した諸事業のうち最大というべきこの課題に取り組み、それを完成させた者こそが、真の天武の後継者の座に就くことができるのである。

この課題に取り組んでいたのは草壁皇子ではなく、やはり持統天皇その人であったと見られる。それは、彼女が六九〇年正月の正式即位に先立ち、吉野宮への行幸を開始していることからも明らかである。その後、彼女の吉野への行幸は何と三十一回を数えた。異常なまでの吉野への執着といえよう。

このように持統が何度も吉野に脚をはこんだのは、壬申の乱前夜、そこで夫やむすこと過ごした日々を懐かしんだためであるという見方には根強いものがある。しかし、彼女と吉野を結び付けるものが、天武や壬申の乱以外にないと決めつけるのは疑問であろう。吉野への行幸が持統即位の直前に始まり、その在位期間中に吉野宮への行幸が繰り返されていることから見て、それはたんなる物《もの》見《み》遊山《ゆさん》や感傷旅行などではありえなかった。それはひとえに、彼女の天皇としての権威や正当性を補ない、強化するためであったと考えられる。それでは、その場所がどうして吉野、ことに吉野宮だったのだろうか。

持統の即位は、推古や皇極・斉明らの場合と同様に、前皇后としての執政経験と実績を評価されてのことであったわけだが、彼女がその皇后の地位に正式に就任し、それが承認されたのが、ほかならぬ吉野宮だったのである。彼女が吉野に頻繁に行幸したのは、まず第一に、その即位の前提条件となった皇后就任の地を訪ねることにより、彼女が天皇となる資格や正当性を宣伝し、それを強化しようとしたからであると思われる。

また、吉野宮を造ったのが斉明女帝だったことを考えれば、持統は、自分が天皇としては斉明に連なるのだという意識を強くもっており、それをアッピールしようとして足繁く吉野に通ったのではないだろうか。斉明は、女帝という点でも彼女の直前に位置する存在であった。また、すでに述べたように、天智・天武の二代が、斉明の遺志と事業を引き継ぐことによって初めて即位が可能になったという事情を考えれば、持統が天智・天武をとび越え斉明に直結することは、彼女の天皇としての権威と正当性を増すのに大いに役立ったに違いない。

さらに、斉明は飛鳥＝倭京を完成させるという偉業を達成した女帝であった。持統が吉野宮への行幸を繰り返したのは、それによって自分が斉明女帝に直結する存在であることがみとめられれば、斉明にあやかって、「新城」と藤原宮の建設を見事に成し遂げることが可能になると考えたからではあるまいか。そうだとすれば、やはり草壁皇子でなく持統天皇が、天武の未完の事業である「新城」と藤原宮の造営という最大の課題を引き継いでいたのであり、その後継者となることは、どんなにおそくとも吉野宮への行幸が開始されるまでには決まっていたことになるであろう。

「新益京」へ、藤原宮へ

六九〇年正月、持統天皇の即位礼が挙行された。

その即位のさいには物部麻呂《もののべのまろ》が大盾を樹立し、中臣大嶋《なかとみのおおしま》が天神《あまつかみ》の寿詞《よごと》を読み上げた。そして、忌部色夫知《いんべのしこぶち》によって女帝に神璽《かみのしるし》の剣と鏡がたてまつられた。これらはすべて初めて行なわれた儀式であって、持統の天皇としての権威と正当性を強化しようとのねらいにほかならなかった。

持統は正式な即位に先立って、六八九年六月に飛鳥浄御原令《あすかきよみはらりょう》を施行した。これは国家統治の仕組みを規定した法典であって、天武の在世中に草壁皇子を名誉総裁として編纂が始められたものであった。それが草壁の急死した二カ月後にようやく施行されたわけである。

六九〇年七月、持統は高市皇子《たけちのみこ》を太政大臣《だいじょうだいじん》に任命している。これは、女帝の統治を皇位継承資格をもった皇子が輔佐するという、推古女帝—厩戸皇子《うまやとのみこ》の関係以来の慣例にしたがったまでのことである。

九月には、持統は庚寅年籍《こういんねんじゃく》の作成を諸国に命令している。これは、日本列島に住む民衆をその住所において確実に把握・登録したもので、孝徳《こうとく》天皇が始めた国政改革（部《べ》の制度を解体し、部に編成されていた民衆をその住所において把握・編成する）の豊かな実りといって過言ではない。庚寅年籍が施行されるまでに、列島各地に住む民衆は、五十戸を一里とする行政単位に編成され、いくつかの里《り》が評《こおり》によって統括されるという行政制度のなかに組込まれていた。民衆の名前や基本的なデータは、すべて評—里ごとに整然と書き連ねられることになったのである。

他方、庚寅年籍は六年に一回、戸籍が作成される出発点となった。これは、六年に一度、六歳以上の男女に一定面積の水田（口分田《くぶんでん》）を国が支給する制度、すなわち班田収授《はんでんしゅうじゅ》制に対応するためであったから、庚寅年籍が造られるまでに、政府は民衆の身柄のみならず耕地に対する管理・支配権も確立していたことになる。

このように、女帝持統のもとで天皇による列島支配の仕組みは着々と整えられ、強化されつつあった。世界の中軸をもって自認する中国の皇帝が、律令を基本にした強力な支配を実現していることに比較すれば、倭国はようやく自前の令《りょう》を制定・公布したばかりで、令と並ぶ律《りつ》（刑法にあたる）のほうは未成立であった。未成立といえば、持統が天武から引き継いだ中国的な都城、条坊道路によって整然と区画された「新城《にいき》」の建設は、その後、どうなったのであろうか。

『日本書紀』持統五年（六九一）十月甲子《かっし》条には、つぎのように見える。持統即位の翌年のことである。

使者を遣わして新益《あらましのみやこ》京の鎮祭を行なわせた。

「新益京」とは、天武によって造られた「新城」を引き継いだものであり、それは、飛鳥＝倭京に新たに付け加えられた都という意味で「新益京」とよばれたのである。ついで、『日本書紀』持統六年（六九二）正月戊寅《ぼいん》条を見ると、つぎのようである。

天皇（持統）が新益京の路を視察した。

「新益京の路」とは、京内に張りめぐらされた条坊道路のことであり、持統による視察があったということは、その建設工事が最終段階に入っていたことを物語る。これらの記述から、持統が即位早々に、中国的な都城の建設とその総仕上げに取り掛かったことが分かる。それは、彼女が天武の「新城」を継承した「新益京」を完成させ、その中心部にある藤原宮に遷った時初めて、正真正銘の天武後継の天皇となることができるからであったと思われる。持統が飛鳥＝倭京のなかの飛鳥浄御原宮から藤原宮に遷ったのは、六九四年の十二月のことであった。

持統の手で完成された「新益京」は、一体どの程度の規模だったのであろうか。かつてその京域は、古道をもとにして決定されたと考えられてきた。それは、戦前の喜田貞吉《きださだきち》の研究をふまえ、岸俊男《きしとしお》氏によって推定されたものである。

それによれば、天香久山《あまのかぐやま》の山頂を通る中《なか》つ道と下《しも》つ道が東西の両京極《きょうごく》となる。中つ道と下つ道のあいだは四里（一里は約五三〇メートル、四里は約二・一キロメートル）あり、東西に八坊があったとすると、一坊は半里四方の大きさだったと見られる。京の中心に位置した藤原宮は、発掘により二里四方だったことが分かっているから、宮は十六坊分を占めたことになる。

つぎに北京極を横大路《よこおおじ》と見なすと、そこから十二坊分を取ると、南京極は阿倍山田道《あべのやまだみち》とほぼ重なる。そうだとすると、いわゆる藤原京は東西四里、南北六里の大きさであり、半里四方の坊が東西には八坊、南北には十二条、配置されており、藤原宮は京の中央よりに十六坊を占めていたと見なすことができる。

ところが、近年になって、岸氏によって復元された藤原京域の外側、とくにその北東部から北部にかけ、また西部からも条坊道路と見られる直線の道路遺構が相次いで発見されたことにより、藤原京は従来考えられていたよりも巨大なものであったことが明らかになりつつある。いわゆる「大藤原京」である。さらに、桜井市の上之庄遺跡や橿原市の土橋遺跡で、条坊道路の側溝がその外側に向かって伸びていないことが確認されたため、藤原京の東西京極が確定的になった。

それによれば、藤原宮の中軸から東西にそれぞれ二・六五キロメートル（五里）、京域の東西幅は五・三キロメートルあったことになる。南北の京極は未確認であるが、現在のところ、東西と同様に南北も五・三キロメートルだったのではないか、とする説が有力である。耳成山《みみなしやま》・天香久山・畝傍山《うねびやま》の大和三山はすべて京域内に入り、飛鳥寺のあたりが南京極だったのである。

飛鳥よ、さらば――「日本」誕生の時

天武天皇によって大王が天皇に改称された段階でも、天皇の統治する国の名は、依然として「倭国《やまとのくに》」または「日出処《ひいずるところ》（国）」であった。本書で最後に見届けたいのは、これが「日本」に転換した瞬間である。

このあたりの事情を窺うのに至便なのは、さしあたり、つぎの『旧唐書《くとうじょ》』日本伝の記述であろう。

日本国は倭国の一種族である。その国が太陽の昇る彼方にあるため、日本という名をつけたのである。あるいは、倭国はみずからの名が雅やかではないのを嫌い、日本に改めたということだ。また、日本はかつて小国であったが、倭国の地を併合したというこ とである。日本の使者が唐の朝廷にやって来ると、かれらの国土が大きいことを自慢するが、我が方の問いに対し、たしかな事実をあげて答えようとしない。だから、われら中国ではかれらのいうことがどこまで本当なのか疑いをもっている。

これは、七〇一年に任命された粟田真人《あわたのまひと》を執節使《しっせつし》（大使）とする遣唐使（第七次）の報告をもとにして書かれた記述である。この遣唐使が中国の地をふんだのは翌年のことであったが、国号「日本」が唐側に正式に披露されたのはまさにこの時であった。「日本」という国号が採用されたのはこれ以前ということになる。唐側は、「日本」政権がかつて中国の王朝と交渉を重ねてきた「倭国」政権を継承する存在であることをみとめ、それにより両国間に正式な国交が樹立されたのである。

ところで、『日本書紀』天武三年（六七四）三月丙辰《へいしん》条にはつぎのような記事が見える。

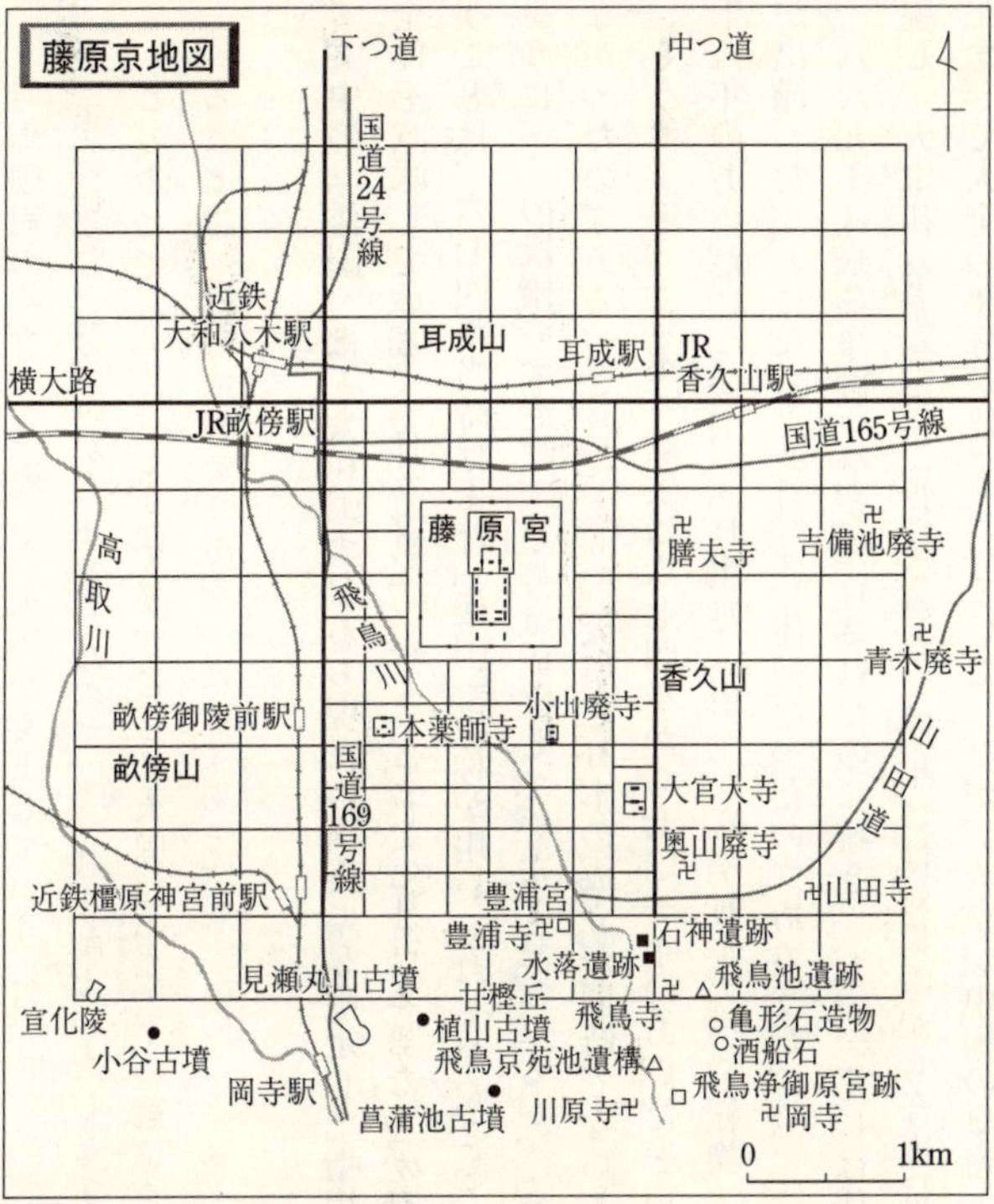

奈良文化財研究所『飛鳥・藤原京展』(朝日新聞社、2002) より作成

対馬《つしま》国司の長官、忍海《おしぬみ》造《のみやつこ》大国《おおくに》が奏上していうには、

「銀が初めて対馬国から出ましたので、これを献上いたします」

とのことであった。そこで褒賞として大国に小錦下《しょうきんげ》の冠位を授けた。銀が倭国にあることは、この時初めて分かったのである。

文中の「倭国」は、大和国すなわち現在の奈良県を限定して指すのではなく、日本列島全体を意味している。『日本書紀』がもとにした資料の原文に「倭国」と書いてあったということは、六七四年当時はまだ「倭国」の称が用いられていたことが分かる。すでに述べたように、この段階ですでに天皇号は成立していたと見られるが、「日本」はまだ誕生していなかったのである。これにより、天皇と日本の成立が同時でないことは明らかであろう。

そうすると、「日本」誕生は六七四年から七〇一年のあいだということになる。この二十八年のあいだに「倭国」「日出処（国）」から「日本」への転換・飛躍を可能とする条件が出揃ったことになる。それは一体何だったのであろうか。

六八九年に飛鳥浄御原令が施行されたのに続き、七〇一年には倭国独自の律の制定も実現し、大宝律令《たいほうりつりょう》が制定・施行された。同年には対馬国から今度は金が献上されたことを記念して大宝の年号が建てられていた。だが、天皇が中国の皇帝と同じく世界の中軸に位

置する君主であることをはっきりと、誰の目にも見える形で示すことができるものといえば、それは律令でも年号でもなく、やはり都城であったに違いない。

中国的な都城である「新益京」を完成させた時、天皇によって統治される国の名前は従来の「倭国」や「日出処（国）」では不相応なものとなった。そこで、これまでの「日出処（国）」をふまえながらも、それとはまったく違った意味をもった新しい国号として「日本」が採択されることになったのではないか。

「倭国」は中国によって命名された呼称であり、国号としては不十分なものだった。「日出処（国）」は、あくまでも中国を中心とした世界観のなかに自国を位置付けるものであった。それに対し、新国号「日本」は倭国の天皇こそが世界の中心に位置すると見なす、独自の世界観を背景にしていた。

すなわち「日出処（国）」は、中国から見て東方にある一国というにすぎないが、「日本」は日の真下の意であり、天空に昇り切った太陽の真下といえば、それは世界の中軸たることを意味するであろう。倭国がそのような世界観の転換を果たすにあたり、その拠りどころとなった最大のものこそ、六九四年に完成を見た「新益京」、いわゆる藤原京だったのである。

そして、この「新益京」が飛鳥＝倭京を土台にして造り出されたことを思えば、飛鳥＝

倭京は、天皇のみならず「日本」の母胎ともなったということができる。天武の時代に飛鳥＝倭京がまずは天皇を生み出し、ついで持統の時代、飛鳥＝倭京をもとに「新益京」が成り、飛鳥＝倭京がその使命を終えた時、「日本」が呱々《ここ》の声を上げたのであった。

ここで持統女帝の有名な歌（『万葉集』巻第一、二八番）を掲げて本書の結びとしたい。かつて六世紀には王権の聖域を画した聖なる山も、今では都城の一風景にすぎなかった。磐余ばかりではない、飛鳥もすでに遠い過去のことである。

春過ぎて　夏来《きた》るらし　白たへの　衣《ころも》干《ほ》したり　天の香具山

あとがき

　私は、奈良県高市郡明日香村やその周辺の遺跡発掘に携わったことはない。また、明日香村周辺に住み暮らし、その地理や風土に精通しているわけでもない。その意味では、飛鳥を主題とする本の著者としては異端に属するであろう。ただ、文献を中心に日本古代史の勉強を続けてきた私がこのような本を書こうと思い立ったのは、発掘の成果に学びながら、『日本書紀』の飛鳥に関する叙述に「発掘」を試み、その成果をもとに七世紀の歴史をとらえ直したい、と考えたからである。本書を通じ、七世紀史の舞台となった飛鳥という都市空間の成り立ちと展開が、古代の王権や国家の形成・展開に見事に対応することが明らかにできたのではないかと思う。なお、飛鳥を切り口に古代王権や国家の歴史を再検討した結果、私が旧著で述べたのとは異なる見解に達した箇所が少なくない。旧著を読んでくださった方には大変申し訳ないが、今後、私の意見を検討される場合には、本書の所見を取り上げていただければ幸いである。

二〇〇三年一月二十日　　　遠山美都男

685	3月	**山田寺**の丈六仏像が完成する（蘇我倉山田石川麻呂の三七回忌）
686	5月	天武天皇が病に倒れる
	7月	天武天皇の病気の平癒を祈って朱鳥の年号を建て、**飛鳥浄御原宮**の命名を行なう
	9月	天武天皇が**飛鳥浄御原宮**で亡くなる
	10月	大津皇子が謀反の容疑で自殺を命じられる（24）
689	正月	前皇后の鸕野讃良皇女の吉野宮への行幸が始まる
	4月	「皇太子」草壁皇子が**嶋宮**で亡くなる（28）
	6月	**飛鳥浄御原令**が完成、諸司に頒布される（**皇太子制**の成立）
690	正月	前皇后の鸕野讃良皇女が即位する（**持統天皇**）
	7月	高市皇子を太政大臣に任命する
	9月	飛鳥浄御原令により**庚寅年籍**を作成する（以後、６年に１度戸籍を造るようになる）
	12月	持統天皇が**藤原宮の地**に行幸、視察を行なう
691	10月	使者を**新益京**に派遣して地鎮祭を行なわせる
692	正月	持統天皇が新益京の路を視察する
694	12月	持統天皇が**藤原宮**に遷る
696	7月	太政大臣高市皇子が亡くなる（43）
697	2月	珂瑠皇子（草壁皇子の遺児）が皇太子に立てられる
	8月	持統天皇の譲りを受けて珂瑠皇太子が即位する（**文武天皇**）
701	3月	大宝の年号を建てる。大宝令が完成し施行される
	8月	大宝律令が完成する
702	12月	持統太上天皇が**藤原宮**で亡くなる（58）
707	2月	五位以上に遷都について討議させる
	6月	文武天皇が亡くなる（25）
	7月	阿閇皇女（草壁皇子妃、文武天皇の母）が即位する（**元明天皇**）
708	2月	**平城京**の造営が始まる
710	3月	**平城京**に遷る

664	6月　糠手姫（田村）皇女（舒明天皇の母。**嶋皇祖母命**）が亡くなる
665	2月　前大后の間人皇女が亡くなる
667	2月　前大后間人皇女を**小市岡上陵**（**斉明天皇陵**）に合葬する
	3月　中大兄皇子が近江大津宮に遷る
668	正月　中大兄皇子が近江大津宮で即位する（**天智天皇**）
669	10月　中臣鎌足が亡くなる（56）
670	2月　**庚午年籍**を作成する
671	正月　天智天皇が大友皇子を太政大臣とする
	4月　天智天皇が近江大津宮に漏剋を設置する
	10月　大海人皇子が天智天皇の要請を断わって出家し、大津宮から**嶋宮**を経て吉野宮に入る
	12月　天智天皇が近江大津宮で亡くなる（46）
672	6月　大海人皇子が吉野宮を出て美濃国の不破に向かう（**壬申の乱**が始まる）。**倭古京**（**小墾田兵庫があった**）をめぐり大海人・大友両軍の激しい攻防が展開した
	7月　大友皇子、近江国瀬田橋の決戦に敗れ、山前で自殺する（25）
	この年　大海人皇子が**後飛鳥岡本宮の南**に新宮の造営を開始
673	2月　大海人皇子が**新宮**（**後の飛鳥浄御原宮**）で即位する（**天武天皇**）
674	8月　唐の高宗が皇帝を天皇、皇后を天后と改称する
676	この年　天武天皇が**新城**に都を造ろうとする（**藤原京**造営の開始か）。**山田寺**の塔が完成する
679	5月　天武天皇が皇后・六皇子とともに吉野宮で盟約の儀を行なう
681	2月　飛鳥浄御原令の編纂が開始される。草壁皇子が「皇太子」に立てられる
682	3月　**新城**に都を造るためにその地形を視察させる。天武天皇、**新城**に行幸する
683	2月　大津皇子が初めて朝政を聴く
684	10月　天武天皇が**八色の姓**を制定する（真人・朝臣・宿禰・忌寸の上位四姓のみを授与）

塔の間で出家する。皇極天皇が弟の軽皇子に譲位（**孝徳天皇**）
12月　孝徳天皇が都を難波に遷す
646　正月　孝徳天皇が「**改新之詔**」を発布（**大化改新**の始まり）
3月「薄葬令」が発布される。吉備嶋皇祖母命（吉備姫王）の貸稲（出挙）を停止する
648　この年　**山田寺**に僧侶が住み始める
649　3月　右大臣蘇我倉山田石川麻呂が謀反の容疑を受け、**山田寺**で自殺する
652　9月　難波長柄豊碕宮が完成する
653　この年　中大兄皇子が前大王皇極と大后の間人皇女を奉じて難波から倭京に帰り、**飛鳥河辺行宮**に入る
654　10月　孝徳天皇が難波長柄豊碕宮で亡くなる
655　正月　前大王の皇極が**飛鳥板蓋宮**で即位する（**斉明天皇**）
10月　斉明天皇が**小墾田宮**を瓦葺きにしようと企てるが失敗
この冬　**飛鳥板蓋宮**が焼失、斉明天皇は**飛鳥川原宮**に遷る
656　この年　斉明天皇が**後飛鳥岡本宮**を造営する。宮の東の**田身嶺**に石垣をめぐらせ、嶺上には**両槻宮**（**天宮**）を築造する。石垣用の石を運搬するために**香久山と石上山の間に運河**を掘削、「狂心の渠」との非難をあびた。また、吉野宮を造営する
657　7月　**飛鳥寺の西**に須弥山の像を造る
658　4月　阿倍比羅夫が東北に遠征、蝦夷を服属させる
10月　斉明天皇が中大兄皇子とともに紀伊国の牟婁温湯に行幸
11月　有間皇子が謀反の容疑を受け、紀伊国藤白坂で処刑される（19）
659　3月　**甘橿岡の東の川上**に須弥山の像を造り蝦夷を饗応する
660　5月　中大兄皇子が漏剋を造る。**石上池のほとり**に須弥山の像を造り粛慎を饗応する
661　正月　斉明天皇、百済救援のために難波を出発する
7月　斉明天皇が筑紫朝倉橘広庭宮で亡くなる。中大兄皇子による称制が開始される
11月　斉明天皇の殯宮が**飛鳥川原宮**で営まれる
663　8月　**白村江の戦い**（倭・百済連合軍の大敗、百済救援に失敗）

606	4月　**飛鳥寺**の丈六釈迦如来坐像（飛鳥大仏）が完成する
607	7月　小野妹子らを隋に遣わす（**第二次遣隋使**）
608	8月　隋使の裴世清が**小墾田宮**に参入する
612	2月　蘇我堅塩媛を**檜隈大陵**（**欽明天皇陵**）に改葬する
	この年　百済人の味摩之が帰化し、呉の伎楽の舞いを伝える
622	2月　厩戸皇子が斑鳩宮で亡くなる（49）
626	5月　蘇我馬子（嶋大臣）が**嶋の邸宅**で亡くなる（76）。**桃原の墓**に埋葬する
628	3月　推古天皇が**小墾田宮**で亡くなる（75）。推古天皇の遺詔をめぐって、山背大兄王はかつて蘇我蝦夷（豊浦大臣）を見舞ったさいに**豊浦寺**で休息したことを述べた
	9月　推古天皇を**竹田皇子墓**（**植山古墳か**）に合葬する
629	正月　推古天皇の遺詔により田村皇子が即位する（**舒明天皇**）
630	8月　**第一次遣唐使**
	10月　舒明天皇が**飛鳥岡本宮**に遷る
636	6月　**飛鳥岡本宮**が焼失、**田中宮**に遷る
639	7月　舒明天皇が百済大宮・百済大寺の造営を開始する
	12月　舒明天皇、伊予国温湯宮に行幸する。百済大寺の九重塔が建立される
640	4月　舒明天皇が伊予国から帰り、**厩坂宮**に入る
641	3月　蘇我倉山田石川麻呂が**山田寺**の造営を開始する
	10月　舒明天皇が百済大宮で亡くなる
642	正月　前大后の宝皇女が即位する（**皇極天皇**）
	9月　**飛鳥板蓋宮**の造営のために諸国から役夫を徴発する
	12月　皇極天皇が**小墾田宮**に遷る
	この年　蘇我蝦夷・入鹿父子が**今来の双墓**を造営する
643	4月　皇極天皇が**飛鳥板蓋宮**に遷る
	9月　吉備姫王（皇極天皇の母。吉備嶋皇祖母命）が亡くなる
	11月　山背大兄王が蘇我入鹿らに襲われて斑鳩寺で自殺する
	この年　**山田寺**の金堂が建立される
644	11月　蘇我蝦夷・入鹿父子が**甘檮岡**に邸宅を建造する
645	6月　蘇我入鹿が**飛鳥板蓋宮**で殺害される。翌日、蝦夷は**甘檮岡**の邸宅で自殺（**乙巳の変**）。古人大兄皇子、**飛鳥寺**の仏殿と

飛鳥時代史 年表

西暦	出来事
538	この年　百済の聖王が欽明天皇に仏像・経論を贈るという（**仏教公伝**）
552	10月　蘇我稲目が百済から贈られた仏像を**小墾田の家**に安置し、**向原の家**を清めて寺（**向原寺**）とする
571	4月　欽明天皇が磯城嶋金刺宮で亡くなる
	5月　欽明天皇の殯宮を河内国の古市で営む
	9月　欽明天皇を檜隈坂合陵に埋葬する
572	4月　**敏達天皇**が即位する。百済大井宮を営む
574	この年　厩戸皇子が父大兄皇子（後の用明天皇）の**橘宮**で生まれる
575	この年　敏達天皇が訳語田幸玉宮に遷る
576	3月　額田部皇女（豊御食炊屋姫）が敏達大后に立てられる
585	2月　蘇我馬子が**大野丘の北**に塔を建てる
	8月　敏達天皇が訳語田幸玉宮で亡くなる
	9月　大兄皇子が即位（**用明天皇**）。磐余池辺双槻宮を営む
587	4月　用明天皇が池辺双槻宮で亡くなる
	7月　物部守屋が蘇我馬子らに討たれる（**丁未の役**）
	8月　泊瀬部皇子が即位する（**崇峻天皇**）。倉梯宮を営む
	この年　**飛鳥の真神原**にあった飛鳥衣縫造の祖樹葉の家を壊し飛鳥寺を造営するための整地を始めるという
592	11月　崇峻天皇が蘇我馬子によって倉梯宮で殺害される
	12月　前大后の額田部皇女が**豊浦宮**で即位する（**推古天皇**）
593	正月　蘇我馬子が**飛鳥寺**の塔心礎に仏舎利を納め、塔心柱を建てる
596	11月　**飛鳥寺**が完成する
600	この年　**第一次遣隋使**
601	2月　厩戸皇子が斑鳩宮の造営を開始する
603	10月　推古天皇が**小墾田宮**に遷る
	12月　**冠位十二階**が制定される
604	4月　厩戸皇子が「**憲法十七条**」を制定するという

講談社現代新書　1648

天皇《てんのう》と日本《にほん》の起源《きげん》

「飛鳥《あすか》の大王《おおきみ》」の謎《なぞ》を解《と》く

二〇〇三年二月二〇日第一刷発行

著者――遠山《とおやま》美《み》都《つ》男《お》

発行者――野間佐和子　発行所――株式会社講談社

東京都文京区音羽二丁目一二―二一　郵便番号一一二―八〇〇一

電話（出版部）〇三―五三九五―三五二一　（販売部）〇三―五三九五―五八一七　（業務部）〇三―五三九五―三六一五

装幀者――杉浦康平＋佐藤篤司

印刷所――凸版印刷株式会社　製本所――株式会社大進堂

（定価はカバーに表示してあります）　Printed in Japan

N.D.C.210　306p　18cm

ISBN4-06-149648-4

「講談社現代新書」の刊行にあたって

教養は万人が身をもって養い創造すべきものであって、一部の専門家の占有物として、ただ一方的に人々の手もとに配布され伝達されうるものではありません。

しかし、不幸にしてわが国の現状では、教養の重要な養いとなるべき書物は、ほとんど講壇からの天下りや単なる解説に終始し、知識技術を真剣に希求する青少年・学生・一般民衆の根本的な疑問や興味は、けっして十分に答えられ、解きほぐされ、手引きされることがありません。万人の内奥から発した真正の教養への芽ばえが、こうして放置され、むなしく滅びさる運命にゆだねられているのです。

このことは、中・高校だけで教育をおわる人々の成長をはばんでいるだけでなく、大学に進んだり、インテリと目されたりする人々の精神力の健康さえもむしばみ、わが国の文化の実質をまことに脆弱なものにしています。単なる博識以上の根強い思索力・判断力、および確かな技術にささえられた教養を必要とする日本の将来にとって、これは真剣に憂慮されなければならない事態であるといわなければなりません。

わたしたちの「講談社現代新書」は、この事態の克服を意図して計画されたものです。これによってわたしたちは、講壇からの天下りでもなく、単なる解説書でもない、もっぱら万人の魂に生ずる初発的かつ根本的な問題をとらえ、掘り起こし、手引きし、しかも最新の知識への展望を万人に確立させる書物を、新しく世の中に送り出したいと念願しています。

わたしたちは、創業以来民衆を対象とする啓蒙の仕事に専心してきた講談社にとって、これこそもっともふさわしい課題であり、伝統ある出版社としての義務でもあると考えているのです。

一九六四年四月　　野間省一

哲学・思想

日本史

- 265 日本人はどこから来たか ── 樋口隆康
- 444 出雲神話 ── 松前健
- 1092 三くだり半と縁切寺 ── 高木侃
- 1208 王朝貴族物語 ── 山口博
- 1239 武士道とエロス ── 氏家幹人
- 1265 七三一部隊 ── 常石敬一
- 1322 藤原氏千年 ── 朧谷寿
- 1379 白村江 ── 遠山美都男
- 1394 参勤交代 ── 山本博文
- 1414 謎とき日本近現代史 ── 野島博之
- 1424 平家物語の女たち ── 細川涼一
- 1432 江戸の性風俗 ── 氏家幹人
- 1436 古事記と日本書紀 ── 神野志隆光
- 1457 室町お坊さん物語 ── 田中貴子
- 1461 日本海海戦の真実 ── 野村實
- 1481 日本の〈地霊〉 ── 鈴木博之
- 1541 サラリーマン武士道 ── 山本博文／黒鉄ヒロシ絵
- 1551 キリスト教と日本人 ── 井上章一
- 1559 古代東北と王権 ── 中路正恒
- 1565 江戸奥女中物語 ── 畑尚子

- 1568 謎とき日本合戦史 ── 鈴木眞哉
- 1599 戦争の日本近現代史 ── 加藤陽子
- 1607 鬼平と出世 ── 山本博文／黒鉄ヒロシ絵
- 1617 「大東亜」戦争を知っていますか ── 倉沢愛子

★ 〈新書江戸時代〉全5巻
- 1257 将軍と側用人の政治 ── 大石慎三郎
- 1258 身分差別社会の真実 ── 大石慎三郎／斎藤洋一
- 1259 貧農史観を見直す ── 大石慎三郎／佐藤常雄
- 1260 "ゆるやかな"情報革命 ── 大石慎三郎／市村佑一
- 1261 鎖国=流通列島の誕生 ── 大石慎三郎／木村礎玲子

Ⓖ

世界史

80 教養としての世界史—西村貞二
834 ユダヤ人—上田和夫
930 フリーメイソン—吉村正和
934 大英帝国—長島伸一
959 東インド会社—浅田實
968 ローマはなぜ滅んだか—弓削達
971 文化大革命—矢吹晋
972 中国の大盗賊—高島俊男
1017 ハプスブルク家—江村洋
1019 動物裁判—池上俊一
1057 客家《ハッカ》—高木桂蔵
1076 デパートを発明した夫婦—鹿島茂
1080 ユダヤ人とドイツ—大澤武男
1097 オスマン帝国—鈴木董
1099 「民族」で読むアメリカ—野村達朗
1125 魔女と聖女—池上俊一
1151 ハプスブルク家の女たち—江村洋
1168 ユーゴ紛争—千田善
1231 キング牧師とマルコムX—上坂昇
1249 ヒトラーとユダヤ人—大澤武男

1252 ロスチャイルド家—横山三四郎
1282 戦うハプスブルク家—菊池良生
1283 イギリス王室物語—小林章夫
1306 モンゴル帝国の興亡〈上〉—杉山正明
1307 モンゴル帝国の興亡〈下〉—杉山正明
1314 ブルゴーニュ家—堀越孝一
1321 聖書VS.世界史—岡崎勝世
1337 ジャンヌ・ダルク—竹下節子
1389 ローマ五賢帝—南川高志
1407 女たちの大英帝国—井野瀬久美惠
1411 黒い聖母と悪魔の謎—馬杉宗夫
1442 メディチ家—森田義之
1452 イギリス名宰相物語—小林章夫
1470 中世シチリア王国—高山博
1473 グレートジンバブウェ—吉國恒雄
1476 ローマ人の愛と性—本村凌二
1480 海の世界史—中丸明
1486 エリザベスI世—青木道彦
1487 ゴシックとは何か—酒井健
1493 謎の古代都市アレクサンドリア—野町啓
1499 音楽のヨーロッパ史—上尾信也
1502 中国料理の迷宮—勝見洋一

1508 中国古代の予言書—平勢隆郎
1512 近代スポーツの誕生—松井良明
1516 決闘裁判—山内進
1531 化粧せずには生きられない人間の歴史—石田かおり
1557 イタリア・ルネサンス—澤井繁男
1562 馬の世界史—本村凌二
1572 ユダヤ人とローマ帝国—大澤武男
1579 民族とは何か—関曠野
1587 傭兵の二千年史—菊池良生
1589 エロイカの世紀—樺山紘一
1604 中国の黒社会—石田収
1610 パリ歴史探偵術—宮下志朗

H